T0267690

Una historia particular

Manuel Vicent

Una historia particular

Papel certificado por el Forest Stewardship Council®

Primera edición: mayo de 2024

© 2024, Manuel Vicent
© 2024, Penguin Random House Grupo Editorial, S. A. U.
Travessera de Gràcia, 47-49. 08021 Barcelona

© Diseño: Penguin Random House Grupo Editorial, inspirado en un diseño original de Enric Satué

Penguin Random House Grupo Editorial apoya la protección del *copyright*.
El *copyright* estimula la creatividad, defiende la diversidad en el ámbito de las ideas y el conocimiento,
promueve la libre expresión y favorece una cultura viva. Gracias por comprar una edición autorizada
de este libro y por respetar las leyes del *copyright* al no reproducir, escanear ni distribuir ninguna
parte de esta obra por ningún medio sin permiso. Al hacerlo está respaldando a los autores
y permitiendo que PRHGE continúe publicando libros para todos los lectores.
Diríjase a CEDRO (Centro Español de Derechos Reprográficos, http://www.cedro.org)
si necesita fotocopiar o escanear algún fragmento de esta obra.

Printed in Spain – Impreso en España

ISBN: 978-84-204-7726-8
Depósito legal: B-4522-2024

Compuesto en MT Color & Diseño, S. L.
Impreso en Unigraf, Móstoles (Madrid)

AL77268

No es necesario escribir para ser escritor

Prólogo

La vida, como el violín, solo tiene cuatro cuerdas: naces, creces, te reproduces y mueres. Con estos mimbres se teje cada historia personal con toda una maraña de sueños y pasiones que el tiempo macera a medias con el azar. Después de rascar y rascar con el arco las cuatro cuerdas de este violín, algunos escritores extraen grandes melodías en forma de novelas y relatos llenos de personajes que proceden de su imaginación. Yo no llego a tanto. A mí solo me gusta contar lo que he visto, lo que me ha pasado, la gente a la que he conocido, los sucesos que he presenciado. Pero, sin duda, a la hora de escribir lo más inquietante es lo que uno tenía sumergido en la memoria, tal vez en el inconsciente, bajo la tapa de la quesera, y que de pronto aparece en la página en blanco como ese insecto deslumbrado en la oscuridad de la noche que uno descubre aplastado en el parabrisas al final del viaje.

Un día, el escritor Bioy Casares, durante las dos horas que estuve con él tomando un té en su casa de la Recoleta en Buenos Aires, me pidió que no le hablara de literatura. Solo estaba dispuesto a conversar sobre perros, coches, música, mujeres, deportes, viajes. Así lo hice. De hecho, a través de los perros que había tenido, de los coches que había conducido, de los viajes que había realizado, de las partidas de tenis que había jugado, de las mujeres a las que había amado o seducido, supe más de su vida que en los libros suyos que había leído. Al final me di cuenta de que, en realidad, no habíamos hablado más que de literatura transformada en la salsa concreta de la vida. Cada historia particular está compuesta por un millón de nudos a merced del azar. Por muy vulgar y anodina que sea esa historia, cada nudo constituye una gran encrucijada. Olvidas el paraguas, vuelves al bar a recuperarlo y allí te encuentras con una mujer que va a torcer tu destino.

Sucede a menudo que hay escritores que ya lo son sin haber escrito un solo libro. La primera vez que sentí que un día este sería mi oficio fue debido al olor a salitre y calafate que despedía una barca varada en la playa donde mis padres veraneaban. Era una barca humilde de pescadores. Tumbado en la arena, a su sombra, con toda la luz del mediodía reverberando en mis párpados cerrados, imaginaba que yo era capitán e iba en ella rumbo a la isla del tesoro. Tenía quince años y acababa de leer la novela de Stevenson, pero en ese momento para mí significaba lo mismo leerla que escribirla. Otras veces era el silbido del tren que cruzaba la oscuridad de la noche; siempre lo oía desde la cama cuando estaba a punto de vencerme el sueño. Pensaba que algún día ese tren me llevaría muy lejos, hacia países exóticos donde habría tigres y elefantes, papagayos, misioneros, cazadores, aventureros e indígenas en taparrabos cantando en torno a una hoguera. Bastaba con un cuaderno y un lápiz para ser escritor, porque la historia ya estaba escrita al despertar por la mañana al final del sueño. Las barcas, los trenes, la pantalla llena de héroes a caballo que veía en el cine Rialto del pueblo no eran sino formas de escapar, de realizar un largo viaje fuera de mi cabeza. Los niños y adolescentes que sueñan con escribir tienen el alma dividida: una mitad huye y la otra se queda en casa, y sin salir de su habitación, tumbados en la cama, crean un mundo imaginario.

El primer recuerdo de mi vida es de cuando tenía dos años. Una carreta llena de enseres domésticos —sillas, colchones, palanganas, sábanas y mantas—, tirada por la yegua Maravilla, trasladaba a mi familia a Villarreal para alejarnos del frente de la guerra. Yo iba sentado dentro del capazo y me veía rodeado por todas partes de una textura trenzada de esparto que brillaba al sol. Arriba estaba el cielo azul. No podía escapar salvo con la mirada. Después de tantos años de escribir lo que he visto, oído y soñado, ahora siento que estoy dentro del mismo capazo, solo que los mimbres ya no son de esparto, sino de ondas electromagnéticas que a través de las redes sociales me tienen rodeado.

Durante una temporada he escrito a modo de autobiografía todo lo que recordaba de mi vida desde aquel tiovivo en el que yo, a los cinco años, me quedé solo dando vueltas y vueltas montado en un caballo blanco de crines doradas que subía y bajaba. Los titiriteros estaban cerrando ya los barracones y tinglados de la feria. Como favor especial ante mis súplicas, el dueño del tiovivo me dejó dar unas vueltas más, hasta que acabara la canción que sonaba todavía a través de un altavoz gangoso. La brisa helada de un anochecer de enero se llevaba los papeles. La noria estaba parada. Olía a guiso de coliflor. Con aquellas vueltas que el feriante me concedió de regalo he dado la vuelta al mundo y he llegado al final del viaje.

La primera canción que guardo en mi memoria se titulaba *Mi casita de papel*. La voz melosa del cantante se extendía sobre las atracciones de la feria que se celebraba en el pueblo el tercer domingo de enero, festividad del patrón san Sebastián. Estaba anocheciendo con un frío polar y me había quedado solo en el tiovivo, montado en un gran caballo blanco de cartón, de crines doradas, que subía y bajaba dando vueltas alrededor del mundo mientras el cantante decía: «Qué felices seremos los dos, y qué dulces los besos serán, pasaremos la noche en la luna, viviendo en mi casita de papel». En el aire se respiraba el olor a guiso de repollo que expelían los barracones de los feriantes y titiriteros. Aquella canción que hablaba de besos muy dulces terminaba con una voz femenina que decía: «¡Alialiú, alialiú!». Y cerca un chaval exclamó: «¡Qué puta!». Esa dulce canción, seguida de esa palabra que yo no sabía qué significaba, las he llevado hasta hoy siempre asociadas a la miseria de la posguerra, y también al dedo índice de la maestra de párvulos, doña Teresita, que me señalaba las primeras letras en el catón. Así me iba adentrando en el bosque en el que las consonantes semejaban troncos y las vocales eran las copas de los árboles.

Poco después, cuando ya leía de corrido los tebeos de *El Hombre Enmascarado*, en la radio Telefunken que había en casa Antonio Machín cantaba *Angelitos negros* y yo pensaba que detrás de aquel ojo verde parpadeante se hallaban todos los sueños que estaba aprendiendo a soñar. Sabía vagamente que había habido una guerra, pero no que una guerra consistía en matarse los hermanos unos a otros; pensaba que era una aventura como las de *Roberto Alcázar y Pedrín* o las de *El Guerrero del Antifaz*, hasta que el maestro en la escuela me explicó que, como buen español, llegado el caso debería dar hasta la última gota de sangre por la patria. Sangre de verdad.

Al poco tiempo llegaron la gramática, la historia, la aritmética, la geografía y los primeros pantalones bombachos. Recuerdo que en el taller de aquella modista donde me tomaban medidas, mientras ella me pinchaba con los alfileres, sonaba el trío Los Panchos al son de sus guitarras. Yo leía con avidez *El libro de la selva* y *La isla misteriosa*, con una emoción tan extraña como el vello insignificante que me brotaba en el pubis y las primeras pulsiones de la carne, que nadie me explicó a qué se debían. Después llegó aquella enfermedad que me tuvo una larga temporada en cama, desde donde oía los gritos de los compañeros que jugaban al fútbol en la calle con una pelota de trapo. Por mi habitación pasaban toda clase de piratas, aventureros, mosqueteros, aviesos traidores, capitanes intrépidos y princesas enamoradas, todos envueltos en música de boleros que oía en la sección de discos dedicados de Radio Andorra, «emisora del Principado de Andorra», como decía una dulce voz femenina para dar paso a las coplas y pasodobles de Juanito Valderrama y Conchita Piquer, hasta que llegaron las canciones italianas que ganaban el Festival de San Remo. Domenico Modugno cantaba *Volare* y, de hecho, mi primer vuelo de chaval, cuando acabó la convalecencia, fue de la cama a la hamaca, allí en la galería, adonde en verano llegaba la brisa del mar que me traía como regalo los libros de la colección Austral, de tapa verde, rosa, azul o gris oscuro. Y dentro de cada uno, por diez pesetas, me esperaban Azorín, Antonio Machado, Heine, Ortega, Unamuno, Antón Chéjov y Valle-Inclán.

Pero todo cambió, incluso la forma de estar en el mundo, el día en que, en medio de aquella España aplastada, el viento trajo el grito de «¡¡¡Ba ba buluba yeaaah!!!», del *Tutti Frutti* de Little Richard cantado por Elvis Presley. Sucedió a mitad de los años cincuenta. De pronto se conmovieron todos los cimientos del orden constituido y comenzaron a trepidar también las vísceras de las bacantes bailando el rock. Dentro de cada bafle de las discotecas había un salvaje. Era obligado dejarse patillas y llevar un jersey de cuello alto, gafas de espejo y el tupé engominado. Aquel viento se llevó por delante todos los boleros, incluso al propio Sinatra, y me pilló recién salido de la adolescencia con un libro de Baroja en las manos. *Camino de perfección* me dejó muy turbado, y a partir de ese momento comencé a devorarlo, de la misma forma que me puse el primer cigarrillo Lucky Strike en los labios y ya no pude dejar de fumar.

Con libros y canciones se estaba estructurando mi alma, sin apearme nunca de aquel caballo de cartón del tiovivo. Como Dante, he quedado aquí en el camino en medio de una selva oscura. Poco a poco, la lectura cada vez más selecta me fue ganando el cerebro al tiempo que la música invadía todos mis sentidos.

No recuerdo cuándo perdí la fe. Tengo la sensación de que era verano. Con cinco años, antes de llegar al uso de razón, para mí Dios era el miedo a la oscuridad, el dedo amenazante y el ceño adusto de mi padre. Era aquel anciano de barba blanca sentado entre nubes de algodón que veía en los libros de Historia Sagrada o aquella hostia sacramentada de la primera comunión que tomé vestido de marinero. Contra esa noción inicial de Dios estaban los nidos de los pájaros y el sabor de la rebanada de pan tostado con sobrasada que se había instalado en mi paladar; estaban los juegos en la plaza con otros niños, gritando y persiguiéndonos como vencejos; estaban el alegre volteo general de campanas y los pasacalles de la banda de música en la fiesta del pueblo. Estos placeres se unían al hecho de estrenar zapatos, aprender a montar en bicicleta, leer tebeos y coleccionar los cromos de futbolistas, que me parecían más importantes que los arcángeles.

Mundo, demonio y carne constituían los enemigos del alma. Así se leía en el catecismo. ¿Qué era el mundo? El mundo era un baúl que contenía toda clase de objetos, mantas sobre todo, y ropa de invierno, según decía mi madre. Estaba forrado de terciopelo verdoso algo raído y tenía unos remaches dorados. No comprendía que aquel mueble que nunca vi abierto escondiera un peligro mortal. El segundo enemigo del alma era el demonio. Este ser maligno formaba pareja con el ángel de la guarda, ambos caminaban día y noche siempre a mi lado, uno a mi izquierda y el otro a mi derecha. Al ángel de la guarda lo imaginaba con escopeta y cananas; en cambio, el demonio era rojo como un ascua y tenía otros nombres que sonaban muy bien: Satán, Satanás, Luzbel, Lucifer, Príncipe de las Tinieblas. Por último, estaba la carne. A ese enemigo del alma, al parecer, lo llevaba conmigo y a veces se manifestaba en un extraño movimiento muy turbulento y placentero que sentía en el bajo vientre. Contra estos tres enemigos del alma estaba el aroma de pino que llegaba hasta la orilla del mar aquel verano en que descubrí que el espíritu era precisamente esa brisa de resina que bajaba de la montaña. Dios seguía siendo solo una sensación física cuando llegué a la adolescencia.

Para ser un joven sano había que tener unas piernas fuertes que te permitieran soñar que podías escalar la nieve de los Alpes en busca de la flor del Edelweiss para ofrecérsela a una muchacha de ojos azules y trenzas doradas. «Ser apóstol o mártir acaso mis banderas me enseñan a ser», cantaba en las excursiones con otros compañeros de Acción Católica. Y frente a aquel acantilado que tenía cuatro ecos tocaba la armónica y pensaba que había llegado a este mundo para salvar almas, bautizar negritos o, en su defecto, ayudar a un ciego a cruzar el paso de cebra.

En aquel tiempo nadie hablaba de los universos paralelos, pero un verano, tumbado boca arriba, ante la visión de las estrellas me pregunté quién había creado aquel inmenso brasero. No había ningún problema: lo había creado Dios. A esta cuestión seguían dos preguntas que no tenían respuesta: ¿por qué y para qué lo había creado? ¿Cómo ese Dios omnipotente, creador del universo, había permitido que muriera de tuberculosis aquel compañero de pupitre en la escuela? No parecía que le importara nada que hubiera en el mundo niños ciegos, hambrientos, humillados, que los inocentes fueran castigados con un dolor insoportable. Por otra parte estaban los cataclismos de la naturaleza, que Dios no reivindicaba. El silencio de Dios ante el mal que existía en el mundo fue lo que me abrió los ojos.

Lo daba todo por bueno con tal de no pensar. Al final encontré la solución diluyendo a Dios en la naturaleza, de modo que un día el Creador se disfrazaba de un radiante amanecer y otro flotaba entre el hielo del gin-tonic; una tarde era la trompeta de Chet Baker y otra era la alfombra de hojas doradas que pisaba en otoño. Llegó un verano en que vivir sin pensar en la existencia de Dios me parecía una forma mucho más cómoda de estar en este mundo. Bastaba con ensanchar el sentimiento de la naturaleza hasta meter a Dios en el corazón de los leones y colgarlo de las ramas de los abedules. Todo era Dios, nada era Dios sino ese soplo de brisa en primavera que en la alta montaña te vibraba en las aletas de la nariz para abrirles paso a los más delicados aromas silvestres. Todo comenzaba a tener sentido si consideraba que la materia se había creado a sí misma con la única finalidad de que nunca te preguntaras por qué y para qué se había creado, dejando esas preguntas y respuestas a los poetas. Fue un verano, tumbado en la playa boca arriba ante el universo, cuando perdí la fe. De lejos llegaba la voz de un vocalista que cantaba en una verbena.

Pese a tantas consignas y proclamas que de niño oía por todas partes, no acertaba a saber qué era esa cosa de la patria. En el cerebro límbico donde se almacenan los sentimientos y las emociones permanecía el sonido de las canciones de *Cara al sol* y *Prietas las filas*, que cantaba en la escuela con el brazo en alto cada mañana cuando se izaba una bandera roja y amarilla en el balcón. Con el tiempo, aquellos himnos los llevaría asociados, más que a un ideal patriótico, al bocadillo de atún en escabeche que me preparaba mi madre para que me lo comiera en el recreo. Una mañana levanté el brazo de forma automática sin darme cuenta de que llevaba el bocadillo en la mano derecha y el maestro me pegó un bofetón por considerar que era una afrenta a la bandera.

En la escuela, el maestro nos hablaba de la patria. Decía que la patria era nuestro territorio, al que había que amar. Yo miraba por la ventana y veía una montaña de la sierra de Espadán por donde solía campar en busca de balas y restos de metralla de una guerra que había tenido lugar por allí, según me habían contado. Por el otro lado se veía el mar, adonde iba a bañarme todos los veranos. Si la patria era esa montaña y ese mar azul, estaba dispuesto a amarla. Pero, un día, en el cine del pueblo pusieron *Sin novedad en el Alcázar*. La pantalla había quedado llena de escombros humeantes entre los que habían saltado los valerosos soldados nacionales, que eran altos, guapos y audaces, y habían muerto los enemigos, que eran feos, de mirada torva y desharrapados. Sentí mi corazón inflamado por un extraño coraje al sonar la marcha militar *Los voluntarios*, al final de la proyección. De repente, al salir a la calle, me entraron ganas de pegarme con alguien solo para demostrar que era valiente como aquellos guerreros que habían defendido el Alcázar.

Nunca llegué a explicarme, siendo vástago de una familia de derechas y con un hermano mayor que era jefe de centuria, por qué había rehusado entrar en la sala de aquel balneario derruido donde un jefe de Falange repartía a compañeros de mi edad, amigos de juegos en la plaza, un fusil de madera, una camisa azul, un correaje con hebilla dorada, una boina roja, unas medias, unas botas con clavos y un pantalón caqui. A partir de ese momento eran proclamados «flechas» y podían desfilar a la sombra de los nogales de la carretera. Esa desgana por sumarme al rebaño y negarme a andar uniformado la atribuía, tal vez, a mi instinto innato de ir suelto por la vida como un gato salvaje.

Después pude creer que España era aquel mapa con cada provincia de un color colgado en la pared de la escuela. Al parecer, estaba llena de ríos con sus afluentes, de cabos, golfos, sierras y cordilleras lejanas cuyos nombres había que aprenderse de memoria y cantar a coro para que quedaran grabados en el cerebro y allí formaran una misma masa encefálica con un conjunto de blasones y escudos antiguos formados por águilas y leones. Fue hacia los ocho años cuando me enteré de que ser español consistía en sentirse orgulloso de las hazañas de los antepasados y en estar dispuesto a derramar hasta la última gota de sangre para defender la patria. ¿Qué me pasaba? ¿Por qué ninguna victoria me conmovía?

Comencé a intuir lo que era ser un patriota cuando un toro mató a Manolete y todo el mundo a su alrededor lloraba, pero el golpe de gracia lo recibí de lleno, por primera vez, cuando oí el grito desgañitado de Matías Prats cantando el gol de Zarra en Maracaná. Solo entonces supe que España ocupaba un lugar en el universo.

Sucedió una vida anodina amamantada por el NO-DO, con los lugares comunes de un pasado heroico, la rueda del tiempo sobre los días gris plomo de la dictadura, hasta que me vi dentro de un uniforme militar con una estrella de seis puntas de alférez en la gorra. ¿Tampoco ahora sentía el pálpito de la patria en el corazón de joven soldado? Una vez, el coronel de regimiento me pilló con la guerrera desabrochada, me mandó ponerme firme y me soltó: «No le digo nada porque usted no es más que un paisano disfrazado de militar». Había acertado. Era como realmente me sentía. No obstante, desfilé ante Franco en la parada militar del paseo de la Castellana, vestido de camuflaje y armado con el sable, al frente de aquella flamante Compañía del Inmemorial. Cornetas y tambores sonaban en los altavoces colgados de las acacias y de pronto la música dio un salto en mi memoria, porque ahora vertían la marcha que me recordaba la que sonaba al final de cada película en el cine del pueblo cuando era niño. Al marcar el paso con ahínco sentí que se me henchía el corazón, porque de pronto me vino a la mente aquel bocadillo de atún en escabeche con el que cada mañana saludaba a la bandera de España.

A eso que los pobres llaman hambre, los ricos lo llaman apetito. En uno y otro caso, esa sensación es la mejor receta de cocina, la única que sirve para apurar el plato. Cuando se ha vivido ya muchos años, como es mi caso, a veces en las sobremesas se suelen establecer comentarios sobre el hambre que se pasó en la posguerra. Muchos tienen presente todavía la imagen de Carpanta, aquel personaje de tebeo que soñaba con pollos asados. Cada comensal comienza a contar las miserias y los placeres de entonces y al oír cómo hablan parece que, de hecho, los españoles se dividían en dos: los que se iban a la cama todas las noches hambrientos, con el estómago lleno de telarañas, y los que tenían que hacer la digestión con ayuda de bicarbonato debido a la panzada que se habían dado.

En cualquier biografía gastronómica, lo más profundo que existe es el pan. Conservo en la memoria la cuerda de mendigos que en aquellos años llamaban todos los días a la puerta de casa para pedir una limosna por el amor de Dios, y mi madre, desde la despensa, donde puede que estuviera cerniendo harina con un tamiz muy fino, me decía: «Manuel, sal y dale por caridad un trozo de pan». A la hora de pedir limosna, algunos mendigos rezaban, otros cantaban, otros lloraban, otros se mostraban muy humillados, pero algunos no habían perdido la dignidad y alargaban un brazo escuálido como caballeros derrotados en una lejana y desigual batalla. Yo creía que aquel mendrugo que tenía en la mano era capaz de desencadenar todos los sentimientos del alma. Por eso cuando el pan se caía al suelo había que besarlo, cosa que entonces hacían pobres y ricos, hartos y hambrientos; sería porque la Iglesia había dicho que el pan era el cuerpo de Cristo, compuesto de harina muy fina (el salvado se daba a los cerdos y a las gallinas, si bien hoy se vende como una gollería en las panaderías).

Si es cierto que uno es lo que ha comido, mi sentido de la naturaleza está unido a todos los frutos silvestres que iba arramblando y me llevaba a la boca en mis correrías de garduño por el monte antes de tener uso de razón: higos chumbos, moras, bayas, cogollos de palmitos, serbas, fresas salvajes, algunas raíces sustanciosas, alimentos que compartía con los jabalíes. Pero llegó el momento en que aprendí a comer civilizado, en la mesa, después de bendecir los alimentos que nos había regalado el Señor, de la misma forma en que aprendí a leer en el pupitre el primer catón cuyas letras semejaban un bosque en el que era tan fácil perderse como soñar. Las primeras lecturas se superponen con los primeros sabores y en algunos casos constituyen un único placer que se guarda para siempre en la memoria. Recuerdo la merienda al salir de la escuela en aquellas ateridas tardes de invierno, cuando la voz del maestro, que recitaba fragmentos de poemas o leía algún párrafo del *Quijote*, coincidía con el gusto en la lengua de la rebanada de pan braseado con aceite, sal y sobrasada.

A los siete años el cerebro se inviste con el córtex. Para festejar la llegada del uso de razón, que ya te hace culpable a todos los efectos, la Iglesia ha establecido el sacramento de la comunión, en el que se funde Dios en el paladar con el sabor de los pasteles y las tartas de chocolate. Sentado en el banquete de invitados inicié la aventura de vivir, en la que los primeros libros, la obediencia que le rendían los lápices a la mano a la hora de escribir las primeras letras en el cuaderno y los dulces que llegaban a la mesa de parte de Dios con la eucaristía componían una misma sustancia.

Hace ya mucho tiempo que tuve conciencia de que leer y comer son dos formas de alimentarse y también de sobrevivir. Se trata de una función que va del estómago al cerebro y no sabría decir qué es más orgánico, más íntimo, más necesario en ese camino de ida y vuelta. Las personas cambian de dioses antes que de comida. El sabor de los alimentos que se han degustado en la infancia permanece siempre como una categoría de la mente y es sumamente difícil erradicarlo. En la Pequeña Italia de Nueva York, ¿qué sentimiento es más profundo? ¿La devoción a la Madona y al propio Dios o a la pasta de los espaguetis o de los macarrones? Puede que aquellos estratos de distintos sabores que había en la despensa de casa, la imagen de la mermelada de membrillo que hacía la abuela, el vaho de aceite que salía de la bodega, el olor a heno y a manzanas maduras que despedía el granero fueran para siempre los ejes sobre los que giraba mi vida, y en ese oleaje de la memoria estaban los primeros cuentos en los que las hazañas de los héroes eran la misma sustancia de lo que había comido.

Dejé de creer en los Reyes Magos cuando con seis años, unos días antes de la cabalgata, descubrí escondidas en un armario las cajas envueltas en papel de plata con los regalos que me iban a traer. Uno de esos regalos era un proyector NIC. Con una manivela, ante una doble lámpara se hacía pasar un rollo de papel translúcido cuyo movimiento proyectaba los dibujos de Walt Disney sobre una sábana o pared blanca. Mis primeros héroes fueron Popeye y Mickey Mouse. No obstante, el hecho de que descubriera previamente el engaño y me sintiera humillado por la carta que había escrito a esos seres mágicos con la promesa de que me iba a portar bien no impidió que la noche de Reyes fuera el fundamento de todas mis creencias más arraigadas, que se basan en la ficción.

Cuando en la noche de Reyes de la más dura posguerra el cortejo envuelto en sones de trompetas y tambores a cargo de una centuria de la Falange se acercó a la puerta de casa y, sentado en el hombro de uno de mis tíos, me enfrenté al rey Gaspar para pedirle los regalos que yo consideraba de mi propiedad, supe por primera vez que la vida iba a dividirse entre la realidad y la imaginación, y que había que elegir entre estas dos formas de estar en el mundo si uno quería sobrevivir. Lucía una corona visiblemente de cartón dorado, la barba rubia era de pelo extraído de una mazorca de maíz, su manto, una colcha bordada que apenas cubría unos calzones largos de felpa y los zapatos de Segarra. En cuanto comenzó a hablar, reconocí la voz de aquel jornalero amigo de casa, y también me era familiar la jaca que montaba: la que veía pasar todos los días tirando del carro con el arado. Con solo seis años me enfrenté a una disyuntiva que todavía después de tanto tiempo no he sabido resolver. Podía desenmascarar al rey ante la gente que me rodeaba o seguir con la representación.

El placer me llevó a la ficción. Siendo solo un niño me sentía más fuerte si conocía lo que había detrás de la tramoya y convertía este conocimiento en una realidad ficticia manejada a mi antojo. ¿No sería esta la primera llama de la literatura? Se miente para defenderse, se miente para agradar, se miente para convertir la realidad en una obra de arte. La realidad estaba dentro de aquella caja envuelta en un papel de plata cuajado de estrellas que contenía el proyector NIC. Desde aquel momento, el cine ha sido la fantasmagoría de la que se ha nutrido mi imaginación. Pasadas las fiestas de Navidad, yo volvía a ver al rey Gaspar en el Bar Nacional, jugando al tute, ya con los pantalones de pana con la culera remendada, la chupa y la boina, pero según mi antojo unas veces seguía siendo un rey y otras el jornalero.

Sobre una cinta de papel translúcido comencé a dibujar monigotes y a escribir pequeñas historias que pasaba por la doble lámpara del proyector NIC. Una de estas historias narraba el prodigio de cómo aquel rey Gaspar se había convertido en un huertano que jugaba al tute subastado con otros jornaleros del pueblo en una mesa del Bar Nacional. Había un niño, que en este caso era yo, que tenía la facultad de transformar la realidad en sombras, en fantasmas.

Por el otoño de 1944 comenzó a construirse el cine en el pueblo. A media mañana, el maestro de la escuela nos llevaba de recreo a las afueras, en fila de dos, y yo iba cogido de la mano del niño que era mi mejor amigo. Juntos veíamos a los obreros encaramados en un andamio y después a los pintores que le daban una capa de color crema a la fachada. Seguíamos al día el lento proceso de las obras de la misma forma que se va construyendo un sueño: el altillo donde iría el proyector, el patio de butacas en ligera pendiente, el escenario bajo la pantalla, todo iba tomando realidad fuera ya de la imaginación. Y aunque el cura decía que el cine era un invento del diablo, eso no hacía sino excitarme aún más. Por Navidad, acabó de completarse el nombre del cine en grandes letras romanas dentro de una orla. Se llamaría Cinema Rialto y en su pantalla, muy pronto, comenzarían a cabalgar, a disparar, a bailar, a besarse los héroes que veía en los pasquines y en los programas de mano.

Pasados los años, aquel proyector NIC germinó en una idea que llenaría por completo mi cabeza de adolescente. Quería ser director de cine. De hecho, al llegar a Madrid con veintitrés años me presenté una mañana en la Escuela de Cine, situada en un palacete en una esquina de la calle Monte Esquinza. Entre las pruebas de acceso, una consistía en escribir un relato que se pudiera rodar. Yo llevaba escrito el cuento del rey jornalero que unas veces reinaba en un país de Oriente y otras jugaba al tute en el bar del pueblo. En el zaguán de la escuela me recibió un conserje malencarado que, después de mirarme con cierta sorna despectiva de arriba abajo, me dijo que el plazo de admisión estaba ya cerrado. Con una sonrisa, me hizo saber que por la pinta no creía que yo llegara nunca a ser director de cine. Era la otra realidad.

Más tarde, sentado en una terraza de la Malvarrosa o del puerto de pescadores de Denia, vería pasar, montadas en tranvía o en una bicicleta, aquellas criaturas que yo había imaginado y que ya estaban dentro del proyector NIC, cuyo papel translúcido pasaba por la doble lámpara de mi cerebro. En el tranvía a la Malvarrosa viajaba un primer amor transformado en todas las mujeres que a lo largo de mi vida amaría; en la bicicleta pedaleaba por el muelle del puerto una chica que llevaba dentro el sonido del mar y del viento que siempre resuena en el corazón de los navegantes.

Aquel perro no tenía nombre. Solo se llamaba el perro porque murió antes de que fuera bautizado. Nunca supe cómo había llegado a casa. Mi padre lo solía llevar consigo a un huerto de frutales, y allí a aquel chucho pequeño y lleno de arrojo le daba por perseguir algún camión que pasaba de vez en cuando por la carretera. Iba detrás ladrando como un desaforado, hasta que se cansaba, y luego volvía ante su amo, orgulloso por el valor que había demostrado. Un día midió mal la distancia, saltó antes de tiempo y un camión se lo llevó por delante. Eran aquellos años en que los perros aplastados por los coches permanecían varios días en la carretera sin que nadie se hiciera cargo de sus sangrientos despojos.

Cuando esto sucedió yo era monaguillo. *Introibo ad altare Dei*, decía el cura al iniciar la misa, y esta vez la muerte de aquel perro humilde y valiente me arrancó de niño mis primeras lágrimas al pie del altar. «Prietas las filas, recias, marciales nuestras escuadras van cara al mañana», cantaba brazo en alto en la escuela. Llevaría por mucho tiempo asociado aquel perro sin nombre al latín de la misa y a voces patrióticas que me impulsaban a ser la mitad monje y la mitad soldado.

Si la biografía de cualquier persona se puede escribir a través de los perros que han pasado por su vida, aquel chucho sin nombre aplastado por un camión en una carretera envuelta en el silencio desolado de la posguerra se halla en el fondo de mi memoria, y después de tantos años no he conseguido soslayar su muerte de una España negra e inmisericorde. En el lenguaje náutico existe un nudo marinero que se llama ahorcaperros. Nunca he olvidado una imagen brutal que presidió mi niñez. Era un Viernes Santo, el día en que, según decía el cura, murió Cristo crucificado. En mis correrías por el monte, esa misma tarde en que el Nazareno estaba en la cruz, descubrí a la sombra del castillo a un galgo ahorcado mientras la brisa traía hasta aquel alcornoque el coro de un Vía Crucis que cantaba: «Perdona a tu pueblo, Señor, no estés eternamente enojado, perdónalo, Señor». Y la misma brisa de la plegaria balanceaba al perro en la soga de esparto. Sería de algún cazador que había prescindido de sus servicios por viejo o falto de reflejos para perseguir liebres o traer las perdices hasta los pies de su dueño.

Cuando murió aplastado aquel chucho sin nombre, yo ya sabía leer de corrido un libro de poemas para niños que me había regalado el maestro de escuela. «Un pie atrevido pisó una malva y ella que ignora lo que es venganza lo aromatiza con su fragancia». ¿Cómo podría ser yo un poeta lírico el día de mañana si tenía en el fondo de la memoria la imagen de aquellos dos perros, uno aplastado por un camión y otro ahorcado un Viernes Santo en un alcornoque? También leía *Hazañas Bélicas* y *El Capitán Trueno*, que me servirían para sacar pecho ante el futuro.

El acné en la frente, la pelusilla en el bigote y el primer brote de vello púbico se unieron a la lectura de *Un capitán de quince años*, de Julio Verne. Y si alguien me preguntara aún hoy qué recuerdo de entonces, diría que eran los tiempos felices del Chevalier, un perro listo y golfo, color miel, con un olfato increíble, que fue mi amigo inseparable, como el perro Dingo de la novela de Julio Verne. Un día antes de que llegara al pueblo de vacaciones, después de varios meses de ausencia, Chevalier ya parecía presentirlo y se mostraba muy inquieto. Fue durante años mi compañero de juegos. Podía hacerlo bailar, entrar a la capa, subir a los árboles, y me tenía una obediencia ciega, salvo cuando olfateaba el celo de una perra a varios kilómetros de distancia y entonces desaparecía. Un tiempo después volvía lleno de barro y tal vez con alguna herida, producto de una reyerta callejera con algún rival. En esas ocasiones entraba en casa por debajo de las sillas, muy despacio, como avergonzado de su mala vida.

Una de las costumbres de aquella España negra consistía en atar una lata al rabo de los perros sorprendidos en su apareo. Siempre temí que ese escarnio le sucediera a Chevalier. En ese caso ya nunca recuperaría el orgullo de ser un perro admirado, que al oír el tractor a varios kilómetros de distancia salía escopetado a las afueras a recibirlo en la carretera y entraba en el pueblo muy feliz subido en uno de los guardabarros, una ceremonia que se repetía cada tarde de aquellos veranos en que yo trataba de entender qué había sucedido realmente en la guerra civil, por qué la gente se había matado entre hermanos, mientras todo mi sueño era ser un marinero como en la novela *Un capitán de quince años*. Con el perro Chevalier siempre a mi lado.

El 1 de abril de 1952, día en que se conmemoraba la victoria de Franco, se promulgó un decreto por el que se suprimía la cartilla de racionamiento. El pan blanco comenzó a venderse libremente en las panaderías. Poco tiempo después, cuando con dieciocho años yo soñaba en secreto con ser escritor y leía a Baroja, un amigo mío de la infancia tuvo que hacerse cargo de una de las tahonas del pueblo debido a la muerte prematura de su padre. Durante las vacaciones de verano, tras recorrer juntos en la Vespa las verbenas y discotecas de la playa, al regresar de madrugada a casa, exhaustos, felices o derrotados, me quedaba muchas veces a ayudar a mi amigo a hacer el pan nuestro de cada día, un trabajo que duraba hasta clarear el alba.

Había aprendido todas las artes del oficio. Primero había que encender el fuego, en medio del horno, con leña y ramas secas de arbustos del monte; después había que apartar las brasas hacia un rincón y limpiar la ceniza del suelo de barro cocido con paños mojados; mientras tanto, la pastera circular ya rodaba en torno a un eje helicoidal que iba convirtiendo en una masa cada vez más compacta la proporción de agua, harina y sal con la correspondiente levadura. Al amasado seguía la fermentación hasta doblar su volumen. Luego llegaba la división. Había que separar con una cuchilla cuadrada la porción exacta, lo que más tarde serían barras, vienas y hogazas. Era un tajo mecánico, intuitivo, que se hacía sin pensar. Yo tenía buen pulso y solía acertar con el peso y la medida exactos.

Fueron veranos muy felices aquellos en que, después de bailar hasta las tantas canciones de amor y todo eso, en la boca del horno me creía un joven Hefesto, dios del fuego, y me preguntaba si eso de escribir sería también tan fácil como hacer rosquillas, como sucedía con algunos escritores. Fue una de aquellas noches cuando, al final de una verbena junto al mar, mientras el vocalista cantaba *Arrivederci Roma*, recibí un primer beso de aquella muchacha cuyo nombre ya he olvidado. Con el tiempo todo se desvanece, es cierto, olvidamos los nombres de las ninfas que hemos soñado; en cambio, recuerdo todavía que fue aquella noche cuando un ratoncito blanco venía ya muerto en uno de los sacos de harina y mezclado con ella cayó en la pastera, donde fue amasado sin que ninguno de los dos, tal vez un poco ebrios, nos diéramos cuenta. El ratoncillo quedó horneado dentro de una hogaza sobre la cual, como siempre, yo había trazado con un punzón un triángulo que aparecería después en la corteza crujiente. ¿A qué clienta le tocaría en suerte la sorpresa como si fuera el premio del roscón de Reyes? A media mañana, una mujer llegó a la panadería gritando desaforada con la hogaza partida entre cuya miga asomaba el hocico con su bigote del ratoncillo blanco. Más allá del horror, algunos lo consideraron un milagro.

Corrían tiempos de plomo en que lo peor del hambre ya había pasado, pero la escasez y la miseria persistían. Puesto que el pan era sagrado y subirlo de precio podía suscitar una peligrosa protesta popular, el régimen de Franco llevó a cabo un acto surrealista al proclamar por decreto que el precio del pan se mantendría intacto, pero que en adelante cada kilo pesaría solo setecientos gramos. En mi trabajo en la panadería todo se reducía a alterar el golpe de la cuchilla con un pequeño quiebro de la muñeca sobre la masa para que se produjera ese prodigio.

Yo leía a Baroja como quien toma una pócima necesaria para sobrevivir, y aquel mismo verano en que el kilo de pan en España comenzó a pesar setecientos gramos descubrí que Baroja también fue panadero. Tras abandonar la medicina, durante siete años se había dedicado a regentar una panadería en la calle Capellanes de Madrid que había heredado de una tía de su madre. Hacía su trabajo en un sótano muy sórdido; se levantaba a las once de la noche y, mientras se horneaba el pan, a veces dormía en el suelo. Así me lo había contado un viejo erudito veraneante en el pueblo, un personaje barojiano que poseía una biblioteca de cinco mil volúmenes en su casona solariega y se carteaba con el propio escritor, quien en una carta le comunicó que un día vendría de Madrid a visitarle. Yo lo imaginaba enharinado en la boca del horno, soñando tal vez con ser escritor. El erudito del pueblo había reformado su casona y había preparado una habitación para el gran día en que Baroja llegara. Pero este iba posponiendo la visita hasta que aquel delirio literario se desvaneció. Con el tiempo todo se olvida, como canta Léo Ferré. A estas alturas de la vida, ignoro si escribir consiste en hacer que se rebelen todas las balanzas y un kilo pese setecientos gramos o en el milagro de que aparezca en medio del hambre un ratón dentro de una hogaza de pan blanco como en un cuento de hadas.

Aquella Valencia de los años cincuenta del siglo pasado olía a café torrefacto y a ese aliento dulzón a pozo ciego que emergía de las alcantarillas, solo atemperado a veces por los aires frescos, vegetales, que provenían de la huerta. Después de tanto tiempo, aún sigo oyendo el estruendo que causaban los miles de estorninos a la hora de buscarse acomodo en los grandes plátanos de la Gran Vía para pasar la noche. Eran los lívidos atardeceres de otoño e invierno, y en la esquina de Casa Balanzá con la cafetería Lauria de la plaza del Caudillo alguien voceaba: «¡Ha salido *Jornada*, el diario de la tarde!». El periódico traía noticias de fútbol en las que el nombre de Puchades estaba, como siempre, en primera página. En la cartelera de espectáculos se anunciaban las películas *Vacaciones en Roma*, *Las nieves del Kilimanjaro* y *Las diabólicas*. Gracia Imperio actuaba en el teatro Ruzafa en una revista titulada *Metidos en harina*, con Zori, Santos y Codeso. En ese tiempo era muy apreciado el hecho de que en el bar el limpiabotas supiera tu nombre y lo pronunciara con respeto mientras sacaba lustre a tus zapatos de dos tonos, blanco y café, con o sin rejilla.

A estas alturas de la vida, sería capaz de provocarme las lágrimas oír la melodía de la película *Candilejas*, que me lleva a aquel momento en que tomé la decisión de ser escritor. La había mantenido en secre-

41

to por simple pudor, puesto que temía que levantara las burlas de mis amigos. Ni siquiera se lo había confesado a aquella chica enamorada a la que esperaba en las escaleras de Correos para llevarla al cine por la tarde o al teatro Eslava, donde aquellos días de otoño ponían la obra *Diálogos de Carmelitas*, de Bernanos. Pese a todo, ahora, después de tantos años, el deseo de ser escritor, que podía ir acompañado de una emoción sagrada, no lo puedo desligar de aquel hedor del urinario público en los bajos de la plaza del Caudillo, donde había muchas pegatinas con anuncios de remedios contra la blenorragia. Pasaban los estorninos en bandadas que oscurecían el cielo formando oleajes.

Durante algún tiempo la fe, que ya daba por perdida, aún pudo sustentarse mediante la estética del gregoriano y el aroma de incienso, que a veces, antes de entrar en clase en la facultad de Derecho, oía y respiraba con placer en la iglesia del Patriarca. A mano derecha estaba el confesionario, donde me arrodillaba alguna mañana a confesar mis pecados. Soportaba los suaves pescozones con olor a rapé con los que el confesor trataba de sacarme la parte oscura de mi alma. Pero yo quería ser escritor, y en ese debate aún se hallaba en medio el Dios de Jacques Maritain, de François Mauriac, de Léon Bloy, de Romano Guardini. Frente a estos intelectuales católicos estaban las prostitutas del barrio chino, a las que quería redimir mediante un fervoroso apostolado.

Un día me atreví a confesar a un amigo de los tiempos del colegio que escribía una novela. Y este me dijo: «Si estás escribiendo una novela, no puedes llevar corbata. Cómprate una pipa y un jersey de cuello alto. Lo primero es salir bien en la foto de la solapa». Recuerdo aquella tarde en que bajo el estruendo de los estorninos, al salir del cine donde ponían *Candilejas*, me quité la corbata y la arrojé con desprecio a una papelera. Me creía inflamado por un sentimiento al que no sabía dar nombre. Bien, un día escribiría historias, viajaría por el mundo, publicaría libros en los que los héroes correrían aventuras y todo eso. Pienso a veces que aquel año, cuando los estorninos desaparecieron al final del invierno, una tarde radiante de primavera, en su viaje también se llevaron a Dios.

Ha pasado el tiempo. Las hojas amarillas de los árboles han caído sobre la memoria una y cien veces. Al final de la tarde, entre dos luces, en los momentos de depresión, puedo llegar a llorar si escucho las canciones de aquellos días. *Las hojas muertas.*

De repente, un día recibí una llamada de teléfono: «¿Sabes quién ha muerto?». A continuación, esa voz pronunció el nombre de un amigo de la infancia, o el de aquel compañero con el que discutías de literatura, o el de aquella niña enamorada. La voz añadía: «Te quería mucho. Creo que deberías venir a su entierro». Y mientras decido ir o no ir, suena esta canción: «¡Oh! Me gustaría tanto que te acordaras / de los días felices en que éramos amigos. / Por aquel entonces la vida era más bella. / Y el sol brillaba más que hoy. / ¿Ves? No he olvidado. / Las hojas muertas se amontonan. / Los recuerdos y la añoranza también. / Y el viento del norte los lleva / a la fría noche del olvido. / Ves, no he olvidado / la canción que me cantabas / cuando me amabas y yo te amaba».

La primera sensación de poder la experimenté cuando tenía solo diez años: era dueño de un balón de cuero. Eso me permitía elegir a los compañeros de equipo y decidir a mi antojo si quería jugar de portero o de delantero centro. Cuando me enfadaba o me cansaba de dar patadas, me bastaba con recoger la pelota, y en ese punto terminaba el juego. El mismo poder que me dio ser amo de un balón a los diez años me lo confirió a los veinte ser el dueño de un pick-up, marca Admiral, y de unos discos con melodías de moda, boleros y chachachás, porque de mi capricho dependía si habría guateque las tardes de verano en la veranda de aquella casa en la playa.

Aquel niño que daba vueltas en el carrusel de la feria del pueblo, montado en un caballo de cartón mientras sonaba en los altavoces *Mi casita de papel*, ahora bailaba el *Only You* de los Platters y también *You Are My Destiny*, de Paul Anka, pegado al cuerpo de una adolescente de falda floreada que olía a lavanda, junto con varias parejas de amigos, en el chalet de una prima cuyos padres eran muy tolerantes y solían ir al cine y a cenar fuera los domingos para dejar libre la casa. A un lado de la terraza había un gran recipiente con un cóctel de un vino espumoso y trozos de frutas frescas que se llamaba cup, una bebida suave que en la puesta de sol se diluía en una música evanescente. Sonaba *Perfidia, Come Prima, Maruz-*

zella, *Fascinación*, *Las hojas muertas*. Las voces de Nat King Cole y de Yves Montand, de Tony Dallara, de Renato Carosone se entreveraban con los trombones de Glenn Miller, que tocaban la serenata a la luz de la luna. Después del guateque solía acompañar a aquella incipiente e incierta novia a su casa, y durante el camino le contaba que estaba leyendo *La náusea*, de Jean-Paul Sartre, y *El poder y la gloria*, de Graham Greene. Pero en ese momento lo que me preocupaba era qué pasaría con el dolor inguinal tras la refriega de besos que se produciría en la oscuridad del portal hasta que llegara el sereno.

Entonces yo era un joven con corbata que todavía confesaba sus pecados. Tenía metido en el cerebro el aliento del confesor con tufo a tabaco negro, y la culpa unida a la sensación morbosa de los suaves pescozones y otras caricias que recibía en las mejillas para animarme a evacuar mi conciencia. Tardé un tiempo en salir de esa selva oscura, que a su vez se alimentaba de la represión moral y política en la que se vivía bajo la dictadura. Leía a Ortega, y toda mi obsesión consistía en pertenecer a la minoría selecta que el filósofo auspiciaba como una forma estética de estar en la vida a la altura de los tiempos. *España invertebrada* y *La rebelión de las masas* eran mis nuevos devocionarios, pero el sexo siempre estaba ahí. ¿Cómo se podría ligar más? ¿Siendo un joven orteguiano o bailando muy bien el merengue y el chachachá?

A uno de aquellos guateques alguien del grupo trajo a un extraño invitado. Era un muchacho sueco, alto, de pelo largo y muy rubio que le caía por ambas mejillas hasta los hombros, como en las estampas del Corazón de Jesús. Se trataba de un beatnik que pasaba por Madrid camino de Marraquech. Fue el que me dio a fumar el primer cigarrillo de marihuana y me enseñó a liar canutos. Antes de reemprender vuelo, me dejó en depósito, para que se la guardara hasta su regreso, una colección de vinilos de música de jazz. Billie Holiday, Louis Armstrong, Ray Charles, Bessie Smith, Otis Redding, Duke Ellington, Ella Fitzgerald. Gracias a ese regalo se asociaron a mi vida de joven orteguiano las largas tardes de música y humo; también la inmersión en la literatura anglosajona, que el beatnik me había recomendado. Ahora podía dejar a Sartre o a Albert Camus sentados en el Café de Flore de París y sustituirlos por escritores como Hemingway, John Dos Passos, Conrad, Stevenson, Scott Fitzgerald, Kerouac, Capote, Allen Ginsberg, William Burroughs..., y por aquellos periodistas de pantalones de pinzas color manteca, camisa arremangada, corbata y sombrero de ala blanda que se reunían en la mesa redonda del vestíbulo del hotel Algonquin de Nueva York azotados por la lengua larga de Dorothy Parker. Toda la literatura norteamericana que leía estaba acompañada por música de swing.

Aquel beatnik jamás volvió. Caminar siempre hacia delante hasta pudrir las botas era su filosofía. Me quedé con el tesoro, microsurcos de cuarenta y cinco revoluciones que acabaron todos rayados. Mientras, en la universidad empezaban las primeras asonadas de los estudiantes. Era el año 1956 y recuerdo aquellas largas tardes de otoño en que ponía una y otra vez un disco de Ellington en el que la voz de Ivy Anderson cantaba *Love Is Like a Cigarette*. En efecto, el amor es como un cigarrillo que se quema a medida que se acerca a los labios. Los compañeros de la facultad se rebelaban, pero yo me preguntaba si la poesía de Walt Whitman y el clarinete de Artie Shaw podían ser también un arma contra la dictadura.

En casa había unas botellas de mistela, de licor de café, de licor carmelitano, de licor de yerbas, que solo salían del armario en días muy señalados, onomásticas familiares y fiestas en que sonaba en el pueblo un volteo general de campanas y se disparaban algunas tracas en honor a algún santo patrón. Esas botellas de cristal tallado estaban presentes por la tarde en la mesa del comedor, cubierta con un mantel bordado, junto a bandejas de magdalenas y pastelillos de confitura, y unas copas pequeñas, de estilo *art déco*, en las que apenas cabía un dedal, lo suficiente para mojarse los labios. No recordaba que nadie hubiera tomado nunca esos licores, porque pasaba el tiempo y volvían intactos al armario sin bajar de nivel año tras año. Tal vez solo hacían acto de presencia para demostrar que en mi familia cierta apariencia de placer también estaba permitida. Esa sensación me acompañó a lo largo de mi vida.

El primer alcohol doblemente prohibido que me llevé a los labios fue el vino de misa que me bebía en la sacristía cuando era monaguillo. Aunque dentro de la vinajera solía haber algún mosquito naufragado, ese último rescoldo me lo disputaba con los compañeros. Era un vino dulzón, probablemente de Málaga, que había estado a punto de convertirse en la sangre de Cristo. Esta secreta degustación a menudo se combinaba con un puñado de obleas sin consagrar que servían de tapa. Y para terminar la fiesta nos liábamos un cigarrillo con las colillas que el cura asmático arrojaba en la escupidera de serrín. Aquel cura parecía un personaje de Graham Greene: le gustaba mucho el coñac y más de una vez los monaguillos lo habíamos visto con el bonete ladeado sobre una oreja, diciendo misa en un latín trastabillado.

Nunca he podido soportar a los borrachos. En el pueblo había algunos señalados, y solo verlos dando tumbos entre las mesas del bar hizo que tuviera el propósito de no beber. Pero inevitablemente llegó la primera sangría de los guateques, la primera cerveza para demostrar que era un hombre, la primera media combinación en aquella discoteca donde llevé a la primera chica a bailar. Hasta que en el campamento de milicias, en Montejaque, un capitán muy aventado acuñó un principio que nunca olvidaría: «Un hombre tiene que beber lo que sea capaz de mear», gritó con los pulgares dentro del cincho ante la compañía formada a la sombra de los carrascos. Allí cometí el primer exceso. El último día de campamento, cuando sonó el rompan filas, después de tirar la gorra al aire, vertí una botella de vino en el interior de una de mis botas de media caña y me eché varios tragos que compartí con mis compañeros de tienda. Un vino peleón mezclado con sudor de pies fue mi bautizo como alférez.

Fumar bien o fumar mal, beber bien o beber mal, esa era la cuestión. Cualquier daño que proporcionara el tabaco se podía dar por bueno si uno fumaba con la elegancia de Yves Montand. Ningún alcohol sería malo si te obligaba a escribir como Scott Fitzgerald después de un primer martini. Puesto que estos ejemplos eran inasequibles, hubo un tiempo en que, imbuido de frívola inconsistencia, mi máxima aspiración estribaba en llegar a sentarme en un tabu- rete de la barra del bar Chacalay y pedir un Rocafull, como hacían los señoritos valencianos: café graniza- do, brandy y clara de huevo. Saber estar sentado en los taburetes de las barras también era un arte. Había que tener swing en el momento de subir y bajar. Cierto elegante desmadejamiento con la copa en la mano y un medido escorzo tenían que ir acompasa- dos con el tipo de bebida que tomabas.

En mi biografía ha habido tragos que en mi me- moria se convirtieron en música. Lo mismo que el sonido del clarinete de Paquito D'Rivera, había bebi- das que se deslizaban por el esófago como una melan- colía. Recuerdo algunos bares famosos cuyas mesas o taburetes me habían servido de parada durante los viajes. Una pinta de cerveza Guinness en el Davy Byr- nes, en la Duke Street de Dublín, donde iniciaba la primera cogorza mañanera James Joyce; un campari en la terraza del Rosati, en la Piazza del Popolo de Roma, viendo cómo, en la mesa de al lado, Alberto Moravia volvía la cabeza cuando pasaba una mucha- cha de falda floreada y la seguía con la mirada hasta que se perdía por la Via del Corso; un daiquiri en el Floridita de La Habana, preparado por el barman Constante, sin pensar por un momento que allí tam- bién lo tomaba Hemingway; un Jack Daniel's en el Sardine Club de Chicago, un local con solo diez me- sas donde cantó Sinatra. El hotel Cathay de Shanghái; el Villa Politi de Siracusa; el Grand Hotel de Cabourg, en Normandía; el Harry's de París o de Venecia... Cada uno de esos centros energéticos tenía un licor identificativo que yo trataba de convertir en literatura.

Decidí empezar a fumar a los dieciocho años, viendo cómo lo hacían en las películas los actores de Hollywood. El que más me gustaba era Robert Mitchum, porque te miraba de soslayo a través del humo del cigarrillo con un párpado entornado, lo que le daba un aire displicente de perdonavidas. Tal vez solo así se podría enamorar a una chica, pensaba yo. En cambio, pese a que daba las caladas con una cadencia medida, Humphrey Bogart apuraba demasiado las colillas y la cámara mostraba sus labios siempre mojados, que a ninguna chica le apetecería besar. No recuerdo dónde fumé el primer cigarrillo, ya que la memoria a cierta edad se convierte también en humo. Puede que fuera sentado en la terraza del bar de la plaza del pueblo, en las fiestas de verano, durante una verbena. «Robert Mitchum y Bogart se tragan el humo porque son hombres de verdad», me tentaba una amiga. Sería tabaco negro, un Ducados o un Celta largo sin filtro, muy de acuerdo con el jolgorio popular que me rodeaba.

O tal vez fue en uno de aquellos guateques una tarde de domingo en Valencia, en una casa muy burguesa que tenía cuatro balcones a la Gran Vía, mucha plata en las vitrinas del aparador y lienzos de caza en el salón, donde sillones y sofás habían sido apartados y las alfombras levantadas para que el grupo de amigos y amigas pudiéramos bailar y besarnos detrás de las cortinas cuando al final sonara muy lento el clarinete de *Petite Fleur*. Sería un Lucky Strike.

Hasta entonces el tabaco me había producido cierta repugnancia, sobre todo porque no había conseguido olvidar cómo olía aquel oscuro confesionario donde de niño vertía la retahíla de mis pecados veniales y el cura, que se fumaba dos paquetes diarios de picadura selecta, también llamados caldo de gallina, me echaba el aliento a la cara mientras me sobaba las mejillas con suaves palmadas. De niño solo había visto fumar a los jornaleros y a los viejos labradores en las solanas un tabaco negro apestoso que repartía el gobierno con la saca, pero un día en que mi madre me llevó a Valencia a comprarme ropa y zapatos me dediqué a recorrer los vagones del tren. Los viajeros de tercera clase, gente subalterna y aplastada por la vida, iban todos hacinados bajo una espesa humareda de tagarnina; en cambio, llevado por la curiosidad llegué hasta el vagón silencioso del coche cama, que tenía el pasillo alfombrado, y en uno de sus departamentos descubrí a un hombre joven de pelo rubio, con chaqueta azul, pantalón gris de franela, corbata y zapatos relucientes, que estaba fumando un cigarrillo cuyo humo formaba aros en el aire y lo llenaba de un aroma agradable a chocolate. Es una imagen que no me ha abandonado. A lo largo de los años la he ido recreando en mi memoria. Recuerdo que aquel hombre solitario, tan atractivo, me sonrió y, al ver que de alguna forma parecía que había quedado extasiado por aquel aroma, pronunció una palabra misteriosa, Camel, mientras me mostraba el paquete con la imagen de un camello que brillaba detrás de una envoltura transparente. Aquel personaje siempre fue un referente en mi vida. Durante años pensé que sería maravilloso convertirme, como aquel señor, en un tipo elegante con un cigarrillo entre los dedos que ve pasar la vida por la ventanilla de un tren que lo lleva muy lejos, sin conocer su destino, hacia ninguna parte.

Hubo un tiempo en que para mí la diferencia de clases no se establecía entre pobres y ricos, patronos y asalariados, explotadores y explotados, sino entre los que encendían el cigarrillo con un mechero de oro y los que lo hacían con un chisquero de mecha. Un humo olía bien y otro olía mal. En medio de esta lucha de clases se hallaba el sabor hediondo a pecado que exhalaba la oscuridad del confesionario. A lo largo de la vida, fui ascendiendo en la escala social según la marca de cigarrillos que fumaba. Celtas y Ducados durante la dictadura y rubio en la Transición —Lucky, Chester, Winston, Marlboro—, hasta llegar al desencanto donde me esperaba el Pall Mall. Después de haber leído tantos libros a través del humo y haber invocado el adjetivo preciso con cada calada, un día, mientras esperaba esa palabra que no llegaba, me sorprendí con un cigarrillo encendido en el cenicero y otro en los labios. Al comprobar que el tabaco se había apoderado de mi alma, lo dejé.

Montada en el Seat 600, la clase media española se presentó en sociedad a finales de los años cincuenta del siglo pasado. La memoria de ese coche aún perdura en este país como un factor desencadenante del inconsciente colectivo. Fue la primera señal de que el franquismo había entrado ya en tiempo de descuento. Moverse, viajar sin depender de horarios de trenes ni de autobuses de línea era ya la pequeña conquista de una libertad irreversible, con las manos en el volante.

Un día de primavera del año 1957 llegó el Seat 600 a casa. Yo no podía conducirlo porque por aquel entonces no tenía carnet. Solo se me permitía acariciarle la chapa como si fuera un animal doméstico. De repente, toda mi familia —padres, hermanos y tíos carnales— adquirió un sentido de unidad en torno a aquel coche utilitario de color tostado que había irrumpido en nuestras vidas. Había costado sesenta y cinco mil pesetas. Recuerdo el primer viaje en él. Mi hermano mayor me llevó con unos amigos a la playa de las Villas de Benicasim. En la radio sonaba *Luna de miel* de Gloria Lasso.

Aunque dejó el coche aparcado a la sombra de las palmeras, enseguida lo rodearon turistas extranjeras y bañistas autóctonos que lo husmeaban por las ventanillas. A dondequiera que fueras, ese coche despertaba curiosidad y cierto grado de admiración de la que uno también participaba si, de pronto, al volver de darte un baño, te abrías paso entre el corro de curiosos, te metías en el coche, encendías un cigarrillo Camel, dabas una calada y arrancabas. Las miradas te seguían hasta que te perdías.

La familia de clase media española instalada en Madrid o en Barcelona solía inaugurar el 600 con una primera salida al aeropuerto para que los niños vieran despegar y aterrizar aviones. Se sentaban en una terraza de Barajas o de El Prat y se pasaban la tarde ante una horchata, contemplando los cuatrimotores de Iberia rodar por la pista. «El próximo domingo iremos a la sierra o a la Costa Brava», decía el padre de familia ante el júbilo de la parentela. La abuela se comprometía a hacer una tortilla de patatas, la madre compraría en El Corte Inglés unas sillas plegables, los niños se llevarían el balón y la hija adolescente se encargaría de lavar el coche después de comer, mientras el padre dormía la siesta a la sombra de los pinos. El espacio comenzó a expandirse en el cerebro de los españoles y en el horizonte estaba el mar, la montaña, los pueblos, las ciudades. París, Roma, Lisboa. Ya no había límites, pero la tentación inmediata del Seat 600 se llamaba Benidorm.

Aunque no llegué a conducirlo, llevo aquel primer coche de la familia unido a unas sensaciones indelebles: al salto de la rana de El Cordobés; a los pollos al ast; a las canciones de los Platters y de Paul Anka; a los goles de Di Stéfano; a la figura de un príncipe rubio de cuello alto y piernas largas criado a la sombra del dictador, de quien se decía que era muy atrabancado y se daba a menudo de narices contra las cristaleras y partía ladrillos con golpes de kárate; a la imagen que había salido en el periódico de Franco y Ullastres, ambos con las manos en el trasero paseando por los jardines de El Pardo. Al parecer, el ministro de Comercio le explicaba al caudillo que la divisa no era ninguna enseña de la patria, sino un valor sometido a las leyes de la oferta y la demanda en el mercado internacional, y le animaba a devaluar la peseta para liberar la economía, puesto que la autarquía había dejado el sueño imperial convertido en una raspa de sardina. Franco fue atropellado por el Seat 600 en un accidente del que ya nunca se recuperó.

Entonces se decía que Barcelona era otra cosa, más europea, aunque los componentes de la futura Gauche Divine aún pedían Cacaolat en los bares; en Madrid acababa de inaugurarse una boutique vaquera y estaba Ava Gardner, pero en los escaparates galdosianos todavía se exhibían aparatos ortopédicos, suspensorios y lavativas, y en algunos colmados había cazuelas de pajaritos fritos y colgaba una cinta untada con miel negra de moscas pegadas.

Al Seat 600 le sucedió el Dauphine y a este el Gordini, pero yo hubiera dado cualquier cosa por tener un Triumph o un Bugatti descapotable para andar por ahí haciendo tronar el soniquete del claxon alegre y desenfadado, como en la película *Il sorpasso*. Pero por desgracia yo no era Jean-Louis Trintignant, y menos Vittorio Gassman. Tampoco España era Italia. Y, por supuesto, nunca confesaría que aquel Seat 600 que entró en casa un día de mayo de 1957 fue bendecido por un cura amigo de la familia con varias rociadas de hisopo y que cada vez que emprendía algún viaje, aunque fuera de un par de kilómetros, mi madre le decía al conductor que se santiguara y rezara un padrenuestro al ángel de la guarda para que le guiara en el camino.

Verano de 1959. Los altavoces gangosos colgados de algunas encinas expandían por todo el valle, una y otra vez, de forma desesperante, la canción de moda, «Mariquilla bonita, graciosa chiquita, tienes mi querer», cantada por José Luis con su guitarra entre el hervor de las chicharras bajo la canícula. Yo era un caballero aspirante a alférez de complemento en el campamento de Montejaque, situado al pie del Tajo de Ronda, y esa mañana había ido de marcha por las trochas de la serranía. Unas mujeres de los caseríos de alrededor, cargadas con grandes cestas de refrescos y bocadillos, seguían a la tropa de señoritos universitarios triscando con suma agilidad sobre las breñas; en cambio, los jóvenes que serían futuros oficiales del Ejército español apenas podíamos con el mosquetón, y era cosa de oír qué clase de lamentos lanzábamos al aire solo porque con el roce de las botas de media caña se nos había formado una pequeña llaga en el talón.

Un día, después de la marcha, al llegar a la tienda de mi compañía el soldado que ejercía de cartero me entregó el telegrama con la noticia de que mi madre estaba gravísima. Crucé todo el campamento en dirección a las oficinas de Mayoría para recabar un permiso reglamentario de diez días, y en ese camino, desde cada encina, José Luis con su guitarra me acompañaba cantando: «Tu pelo moreno, tu boca, tu cara

61

de rosa y jazmín han encendido de un modo mi alma, que ya he perdido la calma y hago locuras por ti, mi bien». En el camino recordé las palabras con que empieza *El extranjero*: «Hoy mamá ha muerto. O tal vez fue ayer, no sé. He recibido un telegrama del asilo: "Madre fallecida"». Yo no era tan ajeno e indiferente como Meursault, el protagonista argelino de la novela de Camus. Estaba tan consternado que olvidé realizar el saludo formal ante el comandante jefe de la oficina, quien me espetó a bocajarro: «No importa que su madre haya muerto o no. Un soldado debe ponerse firme y saludar a su superior».

Cuando llegué a casa después de cruzar en un tren borreguero durante veinticuatro horas aquella España hambrienta y humillada, mi madre ya había recibido sepultura. «Ha muerto con tu nombre en los labios. Es la última palabra que ha pronunciado. Preguntó dónde estabas». Esa muerte, siempre inminente pero aplazada durante dos años, me impidió cumplir el sueño de irme a vivir a París. En aquel viaje angustioso iba hacinado en un vagón que en cada parada se tragaba a mucha gente subalterna cargada con hatillos y maletas de cartón que se dirigía a trabajar a Alemania. Algunos de aquellos emigrantes insomnes cantaban sus penas por soleares y luego compartían la bota de vino mientras en la oscuridad de la noche no paraban de pasar brasas de carbonilla por la ventana. ¿Qué significaba ya entonces ir a París?, pensaba yo. Todos los trenes de aquella España descalabrada llevaban obreros hacia las ciudades de Europa mientras nuestras carreteras, con un rebufo en sentido contrario, se llenaban de coches de turistas, los primeros Dauphine, Mercedes, Citroën Tiburón, Opel, que desde el norte se dirigían a las costas españolas.

Durante los fines de semana, con tres amigos pedíamos un taxi que nos conducía desde el campamento a la Costa del Sol, donde la gran fiesta del turismo apenas se estaba iniciando. Vestido de paisano, en esas playas pude comprobar en directo que España comenzaba a cambiar de piel. En la discoteca Los Remos o en El Dorado de Torremolinos, las primeras francesas, alemanas, suecas e inglesas bailaban con los jóvenes pescadores o con los rudos paletas de la construcción. No comprendía que aquellas chicas tostadas al sol por la mañana optaran de noche, bajo el aroma de los jazmines y las biznagas, por llevarse a la cama a esos toscos galanes y no a jóvenes universitarios limpios, elegantes y educados, que incluso podían balbucir sus idiomas. En el verano de 1959 se produjo el Plan de Estabilización Económica a cargo de los ministros del Opus: Ullastres, Navarro Rubio y López Rodó. La autarquía estaba agonizando.

El turismo había comenzado a invadirlo todo. Pedro Zaragoza, alcalde de Benidorm, se fue a Madrid en una Vespa a pedirle al caudillo que autorizara el biquini, hasta el punto de que el ombligo de la mujer se convirtió en una gran conquista patriótica. Los obreros camino de Alemania se cruzaban en dirección contraria con las extranjeras que después serían novias y esposas de muchos artistas, escritores, periodistas y profesionales españoles. Casarse con una chica extranjera fue toda una moda para una generación en los años sesenta que hasta entonces había visto a Europa como un horizonte de libertad casi imposible de alcanzar. Yo no había podido ir a París; en cambio, el destino me había enviado a una novia con la que viajé a esa ciudad sin salir del barrio de Argüelles de Madrid.

Tiene que haber un paraíso adonde habrán ido a parar todos los juguetes que tuve de niño. Allí estarán el caballo de cartón, el rompecabezas, el primer patín, el primer triciclo. Tal vez ese cielo que nos prometen las religiones después de la muerte consista en un lugar donde nos esperan los juguetes de nuestra infancia para seguir jugando. Durante los insomnios, había tratado de reconstruir mi biografía alrededor de la memoria de las canciones que habían marcado una época y de los libros que habían influido en mi forma de ver el mundo. Pensé que podía hacer lo mismo con los coches, que no eran sino otro tipo de juguetes de persona mayor. Cuando pasaba por una carretera junto a un cementerio de automóviles, siempre solía recordar el Citroën 2CV, el Morris, el Austin, el Volvo, todos los coches que me habían acompañado a lo largo de mi vida. Cada uno llevaba incorporado en mi imaginación viajes, países, ciudades, amores, compañías, placeres, sobresaltos, todos los descubrimientos que me proporcionaron.

El primer coche que tuve, a los veinticuatro años, fue un Citroën 2CV de color naranja. Lo elegí porque era el que tenían mis amigos progresistas. En los últimos años del franquismo imaginabas que su conductor siempre era de los nuestros. Su chapa ligera y la suspensión muy alta le daban un aire campero y un desenfado sofisticado. Desde el primer momento establecí una relación psicológica con el Citroën 2CV. Por el hecho de haberlo elegido, de cuidarlo, de ponerle gasolina, de cambiarle el aceite, de lavarlo, de guardarlo en el garaje se tiende a creer que el coche reconoce a su dueño, como sucede con el caballo y su jinete. Pero el coche solo es una máquina sin sentimientos, aunque yo estaba seguro de que aquel Citroën 2CV con el que tuve el accidente en que di una vuelta de campana en el aire puso de su parte todo lo necesario para que saliera ileso, sin un solo rasguño.

Ese Citroën 2CV me llevó por primera vez a Italia. Había embarcado el coche en Barcelona, en el ferry que hacía la travesía hasta Génova. Era la primavera de 1967. Acercarse a Venecia para experimentar que la suprema belleza huele a limón podrido a causa del agua estancada en la cepa de los palacios; entrar en el refectorio del convento dominico de Santa Maria delle Grazie, en Milán, para contemplar la Cena de Leonardo; bajar hacia la Toscana y detenerse en Florencia solo por ver a Botticelli y a Piero della Francesca en la galería de los Uffizi; llegar a Roma y tomar un campari con soda en el café Rosati; seguir viaje hacia el sur pasando por Sorrento y Positano; adentrarse en el corazón de Sicilia y descubrir los palacios deshabitados de Palermo, con las ventanas sin cristales por donde entraban y salían las golondrinas, y cruzarte por la calle con la sombra del príncipe Salina que había soñado el escritor Lampedusa... Todas ellas fueron sensaciones pegadas a la chapa ondulada de aquel Citroën 2CV.

Pese a creerme ya con una edad para ahorrarme ciertos ritos, en Roma también me había sentado entre adolescentes en la escalinata de la Piazza di Spagna y había arrojado de espaldas tres monedas en la Fontana di Trevi. Me había tragado el Coliseo entero junto con todas las ruinas del Foro, incluso había estado en la Capilla Sixtina, me había extasiado ante la *Pietà* de Miguel Ángel, había admirado el retrato del papa Inocencio X de Velázquez en la galería Doria Pamphili, había reencontrado a una vieja amiga con la que paseé de la mano por el Janículo, donde en la primera oscuridad de la noche había muchos coches aparcados en batería cuya suspensión se movía gracias al amor. También había intentado visitar a Rafael Alberti, como hacían todos los progres, aunque no lo conseguí; en cambio, había visto la película *La dolce vita*, prohibida en España, y había paseado por la Via Margutta siguiendo la ruta de Gregory Peck y de Audrey Hepburn en *Vacaciones en Roma*.

Pero el gran viaje que realicé en mi primer coche se produjo en una carretera de la desolada Castilla. Después del brusco volantazo para evitar a otro vehículo que se me vino encima, el Citroën 2CV hizo un trompo y salió volando, dio una vuelta de campana en el aire y fue a caer a plomo, pero con toda suavidad, sobre las cuatro ruedas en un campo de girasoles. Me salvó la vida como si tuviera conciencia de que esa era su obligación. Sin duda, aquel Citroën 2CV habrá tenido que ir al cielo de los coches por haberse portado tan bien. ¿Se acordará de mí?, me preguntaba. Los cincuenta metros que mediaban entre la carretera y el campo de girasoles pudieron ser el último trayecto de mi vida. Duró apenas unos pocos segundos, pero me dio tiempo a recordar, como una ráfaga que atravesó mi mente, el viaje feliz que había realizado en ese coche por Italia.

El avión, un DC-3 de Iberia, venía de Ibiza y hacía escala en Valencia con destino a Madrid. El aeropuerto tenía un aire de merendero en medio de la huerta de Manises, con algunas palmeras, unos cañizos y una parra bajo una terraza pintada con blanco de cal y azulete. Allí esperaban unos pocos pasajeros: un señor con bigotito franquista, zapatos de rejilla de dos tonos y un brazalete de luto en la manga de la chaqueta; otro señor, con pinta de empresario perfumado con Varón Dandy, que lucía una insignia de excautivo en la solapa; una francesa de mediana edad con un perrito lulú en brazos, y yo, que huía de Valencia como un tordo que a la hora de emigrar no sabe qué dirección tomar con tal de salvarse de la cazuela. Aquel 12 de octubre de 1960, fiesta de la Hispanidad y Día de la Raza, soplaba un mistral muy violento que dejaba un cielo bruñido por donde apareció el DC-3 hasta posarse rateando en la pista.

Subí por primera vez a un avión reptando por la culata del aparato en busca de mi asiento, entre un pasaje compuesto por extranjeros, la mayoría ingleses, ellos y ellas, los primeros exploradores de los placeres de Ibiza, que lucían un bronceado moderno y vestían trajes de lino color manteca y otras telas de veraneantes muy selectos. Algunos leían la revista *Life*, otros *The Times*. Iniciado el despegue, el avión hizo una amplia circunferencia sobre el mar antes de enfilar hacia Madrid y a través de la ventanilla pude contemplar todo el escenario de mi adolescencia y juventud, que abandonaba tal vez para siempre. Allí estaban los merenderos de la Malvarrosa, el trampolín de la piscina del balneario derruido de Las Arenas, que tantas veces había soportado el narciso de mi cuerpo. El avión sobrevoló la ciudad en la que se podía ver la Plaza Redonda, donde acudía cada domingo a comprar libros de lance, la Glorieta y su parada del tranvía que me llevaba a la playa, la acera de Correos de la plaza del Caudillo, la de tantos paseos con aquellas chicas de zapato plano y falda plisada, el caserón de la Universidad Literaria con el claustro presidido por la estatua de Luis Vives. Todos los recuerdos de amigos, de novias adolescentes, de sueños contrariados quedaron atrás, y de pronto se perdió de mi vista el azul del Mediterráneo, suplantado por la tierra ocre y seca de Castilla.

El mistral zarandeaba al avión de tal forma que a la altura de Cuenca ya había vomitado medio pasaje, incluida la azafata, una aristócrata con apellidos de una familia grande de España. Los ingleses que venían de Ibiza habían agotado todas las bolsas y yo tuve que vomitar en un cucurucho de papel que formé con la tercera página del *ABC*, en la que había un artículo de Azorín, mi escritor preferido, al que tanto admiraba. Al llegar a Madrid seguía el ventarrón. Los hombres corrían detrás de sus sombreros y las mujeres desgreñadas llevaban atado un pañuelo en la cabeza y con una mano se sujetaban el vuelo de las faldas. El taxi cruzó la plaza de Cibeles, donde había un autobús abierto y alguien que gritaba «¡Al fútbol, al fútbol!». Esa tarde jugaba el Real Madrid un partido de la Copa de Ferias, con Pachín, Santamaría, Del Sol, Di Stéfano, Puskas y Gento.

No sabía a qué diablos venía a Madrid. No tenía ningún proyecto, ningún trabajo. Me limité a instalarme el primer día en un hotel y a echar a andar por la ciudad bajo la inspiración de mis zapatos, que ya no eran de Segarra. La Gran Vía estaba llena de grandes cartelones de los cines en los que todos los héroes de Hollywood mostraban las manos repletas de pistolas y las actrices parecían estar dispuestas a todas las caricias permitidas por la censura. Mientras, por debajo, a lo largo de las aceras, discurría un río de peatones sojuzgados, vestidos de marrón, entre curas, militares y guardias con porra. Algunos se extasiaban ante los primeros pollos al ast en la entrada de alguna cafetería. Y los domingos por la tarde se oían los gritos de «¡Ha salido *Goleada*!». Me instalé cerca de la Casa de las Flores, por Argüelles. Al cabo de unos días de caminar por ese espacio, recordé, según había leído, que en esa casa con terrazas llenas de geranios había vivido Pablo Neruda y allí celebraban fiestas de disfraces los poetas de la generación del 27, con García Lorca a la cabeza. Sin duda había otro Madrid sumergido en las ruinas que había dejado la guerra civil. Estaba todavía en pie el hotel Florida, en la plaza del Callao, donde se habían hospedado los famosos corresponsales extranjeros durante la contienda. En mi imaginación comenzó a abrirse paso aquel trayecto ideológico que a lo largo de la calle de la Princesa unía la literatura de la Casa de las Flores con el periodismo de combate del hotel Florida. En ese camino que recorría todos los días comenzaron a instalarse mis primeros sueños.

¿Quién se acuerda de *La Codorniz*, de *Hermano Lobo*, de *Por Favor*, de tantas revistas que un día desataron las carcajadas de los españoles? Prácticamente nadie. La gente suele cambiar de humor cada cuatro años; de pronto le hacen gracia otras cosas y empieza a reír de otra manera. También cambian los tics en las formas de hablar, expresiones que un día se ponen de moda y de repente desaparecen. En la década de los sesenta del siglo pasado, los jóvenes modernos del madrileño barrio de Salamanca para pedirte fuego te decían: «Por favor, incinérame el cilindrín o acelérame el cáncer». El ingenio para retorcer el significado de las palabras era entonces muy celebrado. En ese tiempo se estaba agotando ya el humor de *La Codorniz*, escrita por humoristas muy inteligentes, aunque menesterosos y precavidos, como gatos escaldados con arreglo a la miseria y la represión de posguerra. En cambio, su director, Álvaro de Laiglesia, era propiamente un señorito de Serrano con su tupé, blazer azul de cachemir con botonadura de ancla, pantalón gris de franela y jersey blanco con cuello de cisne. Tenía la voz engolada y exhibía un frívolo desparpajo de anarco-falangista de la División Azul, de vermut al pie de la barra de Balmoral, muy a la madrileña, ya se sabe, una mano para el vaso y la otra en el bolsillo rascándose los genitales.

73

El éxito de sus novelas era arrollador. Lo conocí ya en plena decadencia. Un día, en la Feria del Libro, me acerqué a la caseta donde firmaba ejemplares, ya sin la aglomeración de antaño, y bromeando le dije que el doctor Barnard, famoso en todo el mundo, llegado a España después de haber realizado el primer trasplante de corazón, firmaba su libro con una cola interminable. Álvaro de Laiglesia contestó: «Sí, sí, pero yo no he tenido que matar a nadie». En su momento fue el rey del mambo.

La Codorniz presumía de un humor audaz e inteligente, pero su audacia solo llegaba hasta la crítica del retraso de los trenes o de los baches de las carreteras; en cambio, se alimentaba del falso rumor de que se atrevía a publicar chistes contra Franco, algo inimaginable. Por ejemplo, todo el mundo juraba haber leído en sus páginas este parte meteorológico: «Gobierna en toda España un fresco general procedente de Galicia». Se dijo que a causa de este chiste fue cerrada la redacción y que la revista publicó como respuesta la siguiente regla de tres: «Un bombín es a un bombón como un cojín es a equis, y nos importan tres equis que nos cierren la redacción». Falso. Esas cosas se decían en los cafés, y de hecho en la calle funcionaba una «Codorniz» paralela: los memes orales de entonces, en los que la gente vertía todo su malicioso ingenio. Recién llegado a la capital de España, como el mosquito atraído por un farol, soñaba con que un día podría escribir en esa revista, donde firmaban humoristas míticos: Azcona, Acevedo, Alfonso Sánchez, los italianos Mosca y Pitigrilli, a los que leía de chaval en el pueblo. Lo logré cuando ya no la dirigía Álvaro de Laiglesia. *La Codorniz* era una forma de reír de derechas pareciendo ser de izquierdas.

Me preguntaba si eso era posible. Los humoristas de izquierdas, al final del franquismo, se habían especializado en sortear la represión, jugando al ratón y al gato con la censura en el filo de la navaja. Corría el año 1972. Pues bien, había llegado el momento de reír de otra forma. En aquel tiempo, el humorista Chumy Chúmez era simplemente un hombre alegre y airado que se había convertido, a pesar suyo, en un mito de la oposición democrática, entonces aún soterrada, muda y clandestina. En la tercera página del diario *Madrid* dibujaba con trazos expresionistas muy feroces a unos capitalistas con chistera y un puro en la boca azotando a obreros, a señoritos montados en la espalda de su criado, a jornaleros cargados con un pedrusco, a prebostes con el lazo de Isabel la Católica y una querida a los pies. En la revista *Triunfo*, entre análisis de política internacional que tenían siempre una lectura crítica y sesgada de la política interior, se podía contemplar su dibujo de un capitalista dándole consejos a un hijo ácrata, o de un latifundista subido a los riñones de la mujer del capataz, el chafarrinón de un sádico con garrota de nudos y carcajada de lobo sindical.

Chumy aprovechó el cierre definitivo del diario *Madrid* para poner en pie una nueva revista de humor, y para este empeño aglutinó a su alrededor a un grupo de dibujantes de primer nivel, Forges, Summers, Perich y Ops, que también firmaba como El Roto, y con ellos fundó la revista *Hermano Lobo*. Si el humor envejece cada cuatro años, si un día los españoles reían según la fórmula de *La Codorniz*, de

Hermano Lobo, de *Por Favor*, de *El Jueves*, ¿quién los hace reír hoy? Se ríen con los millones de memes que se mandan unos a otros todos los días por las redes. Esa es la revista de humor crítica, disparatada, ingeniosa y malvada de un mundo que se va al precipicio con un concierto de nuevas carcajadas.

Era el tiempo en que las adolescentes españolas habían comenzado a gritar y a arañarse las mejillas en los conciertos ante un macho alfa. La pompa del chicle rosa había estallado en su boca para dar paso a la primera generación de chicas guerreras. Al dictador ya se le estaba cayendo el belfo hacia el nudo de la corbata mientras la libertad llegaba a este país ceniciento con el sonido de guitarras eléctricas y baterías enloquecidas. En medio de este caos inicial, cometí el error de ir al aeropuerto de Barajas a esperar a los Beatles aquella tarde del 1 de julio de 1965, para seguirlos en el coche, haciendo sonar el claxon, hasta el hotel Fénix, situado junto a la plaza de Colón de Madrid, donde se hospedaron. No me jodió verlos bajar por la escalerilla del avión tocados con una montera de torero que vulneraba su mítica melena contestataria, sino el hecho de darme cuenta de que me encontraba fuera de lugar, rodeado de criaturas recién salidas de la adolescencia presas de una histeria convulsiva. Había cumplido ya veintinueve años y, en medio de los gritos y las cargas de la policía, me decía a mí mismo: «Que no, tío, que no, que a tu edad no puedes estar aquí, sería ridículo que después de jugártela repartiendo panfletos del Partido Comunista en la facultad acabaras apaleado por un guardia en medio de este corro de niñatos».

El director del colegio mayor no se cansaba de repetir que un joven orteguiano tenía la obligación de aspirar a ser ministro. Por supuesto, se refería a ser un ministro tecnócrata como Ullastres, que era lo que se llevaba. Pero todo cambió el día en que dejé de leer a Ortega, me pasé por el forro el señuelo elitista de pertenecer a la minoría selecta y una noche me fui con unos amigos golfos al baile de Las Palmeras, situado en la glorieta de Quevedo. Allí, un cojo a sueldo del establecimiento abría la pista bailando la primera pieza, el pasodoble *El gato montés*. En un altillo había chicas de alterne dispuestas a ser tu pareja y a llevarte después al paraíso, situado en una pensión de la Corredera Alta, por un módico precio. «Señorita, ¿me concede este baile?», le pregunté muy fino a una de ellas. «No», contestó en seco la encausada. «Pero ¿por qué?», insistí. «Porque no me sale del coño», fue la respuesta expedita que introdujo al joven orteguiano en la España real.

En ese tiempo ya habían caído en mis manos los primeros libros prohibidos de Ruedo Ibérico, traídos clandestinamente de París. En el sótano de una librería, un empleado que pertenecía a una célula de Bandera Roja me pasó dos volúmenes envueltos en papel de estraza. Se trataba de *La guerra civil española*, de Hugh Thomas, y *El laberinto español*, de Gerald Brenan. Su lectura boca arriba en el camastro me abrió los ojos. Me había enterado de las causas que provocaron la guerra civil y del horror acaecido también en el bando nacional. Era hijo de vencedores por los cuatro costados, de modo que este embrollo mental solo podían solucionarlo la hierba y los Beatles cuando cantaban *Let It Be* y *All You Need Is Love*. Se llevaba ser marxista y en este sentido cumplí con el rito. Para eso había que leer hasta aprenderlo de memoria el *Manifiesto del Partido Comunista*, pero no encontraba el modo de encajar las formas tan sensitivas y placenteras de la existencia que me provocaba el cannabis con la lucha por el triunfo del proletariado. Con *El capital*, de Karl Marx, no pude de ninguna manera y definitivamente lo abandoné al segundo capítulo. Conseguí, sin embargo, coronar el *Ulises*, de James Joyce, aunque en ese momento lo estaba escalando de nuevo a duras penas, en un cuarto o quinto intento, en aquella edición argentina de tapas amarillas. Y solo por una apuesta.

Recién terminada la carrera de Derecho, mis compañeros de facultad se dividieron en dos: unos, muy formales, se enclaustraron en casa dos o tres años a preparar oposiciones a Registro, Notaría y Abogacía del Estado. Iban por el pasillo de casa en babuchas, aflojada la pretina del pantalón, repitiendo de memoria los temas de Derecho que luego, el domingo por la tarde, les tomaban las novias ante el recuelo de un café con leche en una cafetería. A través del ventanal veían pasar las motocicletas que llevaban en el transportín a las primeras chicas en vaqueros abrazadas a las tripas de los halcones con los que volvían de alguna aventura. Uno de ellos era yo, solo que recién descabalgada de la moto aquella chica tan guerrera se fue con otro. Para consolarme escuchaba una y otra vez *Avec le temps*, de Léo Ferré. Con el tiempo todo desaparece, olvidamos el rostro, olvidamos la voz de aquella que amábamos y buscábamos bajo la lluvia. Eso decía la canción. Por lo menos, por fin había conseguido la hazaña de leer entero el *Ulises* de Joyce.

En mayo de 1968 Madrid se hallaba desierto. Yo era de los pocos que no estaban en París. Muchos intelectuales, periodistas y estudiantes que luego serían funcionarios del posfranquismo presumían de haberse batido detrás de las barricadas del Barrio Latino. No eras nadie si no habías participado, aunque solo fuera con la imaginación, en el *happening* revolucionario que se montó con la toma del teatro del Odéon y en las refriegas del bulevar Saint-Michel, aquella llamarada fugaz de primavera con que se inauguró una nueva forma de vivir. ¿Qué hacías en París? Buscar el mar bajo el asfalto, respondían sin haber salido de Lavapiés. Sucedía lo mismo con el concierto de Raimon en el vestíbulo de la facultad de Económicas aquel mes de mayo de 1968. ¿Quién no estuvo allí, colgado de la lámpara, escuchando su voz desgarrada? Yo entonces acababa de ensayar las primeras armas en el periodismo y me limitaba a escribir en la tercera página del diario *Madrid*, donde se le daban al franquismo algunos pellizcos de monja.

La Ley de Prensa de Fraga había suprimido la censura previa. Ya no era obligado ir con las galeradas al ministerio o a la delegación de Información en las capitales de provincias para que un censor que olía a cera de misa tachara a su capricho, con un lápiz rojo, cualquier palabra, frase, pensamiento u opinión que no le gustara. En cierto modo Fraga había cortado las alambradas, la parte más humillante del oficio, pero había dejado el campo del periodismo y de la cultura sembrado de minas que podían estallar si las pisabas, y en ese caso se llevaban por delante no unas galeradas, sino la edición entera de un libro o toda la tirada impresa de un periódico. A la dictadura no le molestaba tanto lo que escribieras contra ella —que no podía ser más que algún pequeño arañazo de gato—, sino lo que dejabas de escribir, por ejemplo, elogios al caudillo y noticias de los logros del régimen, o que te negaras a insertar artículos provenientes del ministerio que antes eran obligatorios. Contra esa actitud no podía hacer nada, salvo cabrearse hasta sacar un día el puño de hierro.

De hecho, el diario *Madrid* saltó por los aires, como aviso a navegantes. Recuerdo muy bien cuándo empecé a embriagarme con el olor de la linotipia. A altas horas de la noche, un colega, también escritor, me pidió que lo acompañara a ver a un amigo periodista que trabajaba en el diario *Madrid*. La redacción parecía una trinchera en pleno combate, sonaban como metralletas las máquinas de escribir, había coñac y cerveza en cada mesa, en la que tecleaban sus crónicas redactores muy jóvenes que después serían figuras famosas. En el sótano zumbaba la rotativa y las noticias iban y venían como en un telar. Al día siguiente, por la tarde, se reencontraban en el quiosco con los lectores. Un redactor jefe me dijo: «Acabas de ganar un premio literario. Mándanos algo». Pensé que si me dejaban hacer literatura sobre ese papel que cada día nacía y moría, ese sería mi camino para siempre.

En ese tiempo Franco todavía pescaba cachalotes y mataba venados, perdices rojas y toda clase de marranos con rostro inexpresivo y belfo caído. Un día de Navidad en que para celebrar el nacimiento del Niño Dios el dictador tiraba a las palomas desde una ventana del palacio de El Pardo, la escopeta de caza le reventó una mano y no por eso dejó de firmar sentencias de muerte con la que le había quedado intacta. La rebeldía tenía varios frentes. En la Universitaria, los estudiantes arrojaban tazas de retrete desde las ventanas de las facultades sobre los caballos de los guardias. Yo tampoco podía presumir de haberme enfrentado a la policía en una de aquellas asonadas en que alguien descolgó un crucifijo que presidía un aula de Filosofía y Letras, lo utilizó como arma ofensiva lanzándolo por los aires y el crucifijo quedó abandonado en el solar del Paraninfo, pisoteado por la estampida de los búfalos. Por este sacrilegio hubo un acto multitudinario de desagravio en la iglesia de San Francisco el Grande, en el que participaron todas las autoridades académicas. El joven estudiante que arrojó ese crucifijo probablemente después llegó a subsecretario.

Cada reunión clandestina se cerraba con la ceremonia de la recaudación de la voluntad para los presos políticos, y la nueva expedición de los argonautas consistía en llevarles por Navidad turrones a la cárcel. La de Carabanchel comenzaba a parecer una universidad expendedora de títulos antifranquistas y algunos veían que se les pasaba el tiempo si no adquirían su certificado para colocarse en la parrilla de salida que los llevaría al poder. Manuel Azaña era entonces un valor creciente en el hipotético horizonte republicano, con un sueño que rebrotaba cada año en el aire de abril junto con las flores de las acacias. En los naranjales de Villarreal, el cardenal Tarancón se fumaba un puro con las faldas de la sotana levantadas hasta las rodillas.

Cuando comencé a interesarme por el mundo del arte, en el Madrid de finales de los años sesenta del siglo pasado, Franco menguante, las galerías estaban en la trastienda de alguna librería —la de Carmina Abril, la de Afrodisio Aguado— iluminada con bombillas de cincuenta vatios. Yo formaba parte de la rara especie de paseante que a veces se atrevía a entrar allí abanicándose con el catálogo. Hasta entonces, la pintura se vendía en tiendas de decoración, en mueblerías y en anticuarios. A ellos acudían algunas parejas de recién casados de clase media en busca de un cuadro que hiciera juego con el sofá, de algún bodegón para el comedor, de algún paisaje que alegrara la sala de estar. Se llevaban mucho los óleos de perdices y conejos ensangrentados, de ciervos bebiendo en el arroyo, y las estampas del París de entreguerras con reflejos de las farolas de gas en el asfalto mojado de un bulevar lleno de carruajes.

En paralelo, el mercado del arte fluía en una corriente casi clandestina establecida entre marqueses arruinados y chamarileros, muchos de ellos de etnia gitana. Algunos caserones de la aristocracia empezaban a ser despojados de los cuadros de los antepasados, y a su vez los párrocos de iglesias perdidas por los pueblos de España cedían sus tallas románicas, retablos y predelas a cambio de que un listo les arreglara las goteras del tejado. Ese despojo iba a parar a las tiendas del Rastro, donde no había gitano que no presumiera de tener en venta un Frans Hals, un Berruguete, probablemente falsos. Los pintores apenas contaban con un lugar donde mostrar su trabajo, pero algunos médicos intercambiaban con ellos una de sus obras como pago por sus servicios. De hecho, no había ningún urólogo, internista o cirujano famoso en Madrid que no tuviera colgada en su consulta una acuarela de Eduardo Vicente, o un paisaje de Benjamín Palencia o de cualquier otro pintor de la escuela de Vallecas. Barcelona era otra cosa. Desde principios de siglo, una burguesía muy asentada solía visitar a menudo la Sala Parés para adquirir con toda naturalidad cuadros de Pruna, de Mir, de Nonell, de Casas o de Rusiñol.

La expansión económica que se produjo en España a finales de los años sesenta, gracias al plan de estabilización, tuvo su repercusión en el mundo del arte. Por primera vez, algunos constructores, arquitectos, ingenieros y abogados de éxito, después de construirse la segunda residencia en la parcela de la sierra, comenzaron a pensar en comprar obras de arte sin ningún interés especulativo, solo porque empezaba a estar bien visto. Un buen cuadro colgado a la espalda de su sillón en el despacho podría redimir y cambiar de estatus a un especulador de terrenos analfabeto.

La primera mueblería que se convirtió en galería de arte fue la Sala Biosca, situada en la calle Génova y dirigida por Juana Mordó. La modernidad fermentó con la aparición del grupo El Paso, con Antonio Saura y Manolo Millares a la cabeza. Fue el producto de la escuela de Nueva York, que promovió el expresionismo abstracto al final de la Segunda Guerra Mundial. En cambio, en Barcelona, el grupo Dau al Set, que capitaneaba Tàpies, era deudor del surrealismo de Miró, de Paul Klee y de los pintores de la vanguardia histórica de Montparnasse. Juana Mordó había caído por Madrid procedente de París. «Vine por cuatro semanas y me quedé toda la vida», me confesó un día. Y fue la que introdujo una nueva actitud en el mercado del arte en Madrid, donde comenzó a ejercer de madame Stein entre la escuela de Vallecas y la generación literaria del 36, en las tertulias que celebraba los sábados en su casa, a las que acudían pintores e intelectuales alrededor de una tortilla de patatas, vino tinto y cacahuetes.

El grupo El Paso ya estaba formado desde 1956 y la gente se llevaba las manos a la cabeza, no comprendía nada. El dueño de Biosca, al ver el primer Canogar, exclamó: «Parece que está hecho con crema chantilly». Este exabrupto animó a Juana Mordó a abrir su propia galería en la calle Villanueva. Allí entraban las parejitas pensando en comprar un bodegón para el comedor y se encontraban con un cuadro abstracto. «¿Y esto qué es? ¿Y qué significa? ¿Y vale dinero? ¿Y le gusta a usted? ¿Y se puede poner encima de la chimenea?». Y ella repetía mil veces que aquello se podía poner encima de la chimenea si la chimenea no estaba encendida.

Poco tiempo después, Mordó comenzó a dirigir los gustos de los nuevos coleccionistas en medio de una masa dineraria desenfrenada que se destapó de repente. Los especuladores entraban en las galerías como si fueran farmacias de guardia. Más tarde se creó la feria ARCO, impulsada por Juana de Aizpuru.

Entre una Juana y otra Juana, finalmente, el mundo del arte en Madrid perdió por completo la caspa. Hasta entonces las inauguraciones de cualquier exposición allí siempre iban acompañadas de vino tinto y de una tortilla de patatas, pero a partir de los años ochenta se pusieron de moda las bandejas con caramelitos, más finas y neoyorquinas.

En 1973 en España sonaba por todas partes *Monday, Monday*, cantada por The Mamas & The Papas, cuando el dinosaurio hibernado por fin movió la cola y la caída de la dictadura comenzó a tomar cierta velocidad. Yo pertenecía a esa grey de jóvenes ilusos que entonces creían que los etarras eran unos muchachos aguerridos que luchaban por la libertad y, llegado el momento, caminé en peregrinación con una botella de champán hasta el socavón de la calle Claudio Coello de Madrid para celebrar que desde allí estos chicos de Deusto tan simpáticos habían mandado a los cielos y aún más arriba a Carrero Blanco. Pese a todo, este atentado supuso realmente el descorche del franquismo; a partir de ese taponazo, la sangre comenzó a unirse a la espuma del cava.

Según las reglas de la seducción del perfecto progresista, ser como había que ser consistía en llevar una trenca con trabillas de húsar y un zurrón de apache que contenía pipa, papel de fumar, tabaco para liar con sabor a chocolate y una edición de *El Aleph*, de Borges, publicada en la colección de libros de bolsillo de Alianza Editorial; dejarse caer de noche por el pub Santa Bárbara o por Bocaccio, sentarse a una mesa, pedir un Drambuie, encender la pipa y esperar que alguna de aquellas chicas de botas altas y minifalda te sostuviera la mirada desde la barra, compartiera una sonrisa y levantara la copa en señal de que te dejaba libre el paso. Seguro que ella también leía a Borges. En ese caso, el terreno ya estaba abonado.

Chicas como aquella ya habían comenzado a apoderarse de los taburetes de los abrevaderos del rollo y no les importaba tomar la iniciativa poniendo su semáforo en verde. Mientras se desnudaban a la hora de meterse en la cama con el chico de turno, le preguntaban qué se sabía de la huelga de los metalúrgicos o de la próxima manifestación en Atocha, pero la chica del pub Santa Bárbara seguro que estaría más interesada en *El Aleph* o en *Historia universal de la infamia*, también de Borges, donde se podía leer que gracias a la esclavitud de los negros podíamos gozar los blancos del blues y del jazz. Ella esperaba que este nuevo chorbo que entraba en su vida no le viniera con el cuento de que en Mayo del 68 estuvo en París buscando la playa bajo el asfalto; la chica se sabía las claves y deseaba que no fuera como tantos otros de su especie que confundían la calle Fuencarral con el bulevar Saint-Michel. También sonaba *Mamy Blue*, de los Pop-Tops, en el hilo musical de los ascensores de los hoteles de lujo y en las radios de todos los coches embotellados de la clase media que iban a la sierra los domingos cuando se supo que Franco había desarrollado una flebitis.

Llevar la revista *Triunfo* bajo el brazo era una definición ideológica y, por supuesto, en los círculos en los que me movía —cine, diseño, editoriales, publicidad, periodismo— nadie de izquierdas se atrevía a opinar de política sin haber leído primero el editorial de Haro Tecglen. En Madrid, todo el mundo reconocía que Cataluña era como otro país, donde se respiraba ya el aire de Europa, lo más parecido a la libertad que se soñaba desde la meseta; en Barcelona estaba aquella alegre pandilla de la Gauche Divine, gente como Carlos Barral y Gil de Biedma, Marsé, Castellet, Rosa Regàs, Pere Portabella, la fotógrafa Colita, los hermanos Moix, Oriol Bohigas, que se lo pasaban tan bien en Bocaccio o en las hamacas bajo los pinos de Cadaqués, leyendo, bebiendo, escribiendo, follando, riendo, con una inteligencia desinhibida que era difícil distinguir de la frivolidad. En la mesa de la editorial Seix Barral permaneció sin abrir durante un año el manuscrito de *Cien años de soledad*, de García Márquez, y se le dejó escapar; en cambio, después de un viaje al País Vasco, ningún progresista madrileño hablaba de los crímenes de ETA sino de lo bien que se comía en Arzak o en la Nicolasa, pero llegó un momento en que comencé a sospechar que matar a un inocente de un tiro en la nuca para celebrarlo después con unas cocochas era un movimiento de liberación sumamente extraño, una verdadera maldición.

Y en una de esas murió Franco, y la historia comenzó a ir de veras. Unos cantaban *Al alba*, de Eduardo Aute, en memoria de los últimos fusilados, y otros optaban por el aullido desesperado de Janis Joplin, que presagiaba la nueva forma de vivir al borde del abismo. La cultura había entrado en la constelación de Acuario. Yo había sellado mi amistad con la chica que leía a Borges en las manifestaciones contra la dictadura, bajo los gases lacrimógenos y las pelotas de goma. Qué bellas noches aquellas, cuando nos mostrábamos mutuamente las heridas, sentados en el pub Santa Bárbara después de enfrentarnos a los guardias, cuando nos amábamos entre los cuerpos hacinados sobre almohadones en los antros oscuros, cuando al final de los conciertos encendíamos una cerilla para iluminar la historia. Leíamos a Borges, sí, pero también a Pavese. Qué bien sonaba aquel verso: «Vendrá la muerte y tendrá tus ojos», que yo recitaba mientras la llevaba del hombro bajo las acacias.

Cuando el Morris verde botella tapizado en cuero rojo llegó a mi vida, le coloqué en la luna trasera una pegatina con el triángulo anarquista y la leyenda «Haz el amor y no la guerra». En aquel tiempo, inicios de la década de los setenta, se trataba de una consigna provocativa. Todas las mañanas llevaba a mi hijo en el coche a una guardería regida por unos educadores criptocomunistas cuyo prestigio se debía a que fueron los primeros en vestir chaquetas de pana y camisas de leñador y lucir una barba desaliñada, y ellas, las primeras en liberarse del sostén y usar jerséis de grano gordo de carácter peruano. Alguno de aquellos profesores, y también los padres de los alumnos que coincidían en el momento de desembarcar y recoger a sus criaturas, al descubrir esa pegatina en aquel Morris dieron por supuesto que su propietario sería un rojo como ellos. No era el caso. Nunca tuve claro cuál era mi ideología de izquierdas, salvo que el franquismo, solo por casposo, ya me daba una patada en los huevos. Y ahí estaba yo, por si había que hacer algo que no fuera excesivamente arriesgado para derribarlo.

En la radio sonaba alguna canción de Mari Trini cuando los domingos iba a la sierra con amigos del mismo encaste, y de regreso, en el atasco del final de la tarde, con el niño dormido en el asiento de atrás, oía la emisión de *Carrusel deportivo* en la SER con los resultados de la quiniela. Rexach, Claramunt, Pirri, Amancio, Zoco eran algunos de los nombres de los futbolistas de entonces. Yo llevaba una existencia anodina, llena de sueños imposibles de fuga, puesto que inevitablemente el tedio había hecho su aparición en la relación de pareja, hasta el punto de que no cesaba de rondarme por la cabeza la tentación de coger un día el coche, enfilar la autopista hacia el norte y no parar hasta que se terminara el mapa. Pese a todo, algunas de las encrucijadas decisivas de mi vida habían sucedido conduciendo ese Morris, que durante unos diez años estuvo unido al placer de los primeros viajes con mi mujer, a nuestras disputas, gritos y reconciliaciones. Dentro de ese coche fue creciendo mi hijo. Primero lo llevé a la guardería, después a la puerta del instituto, luego a los guateques en casa de sus amigos, a la primera discoteca; finalmente tuve que rodar por toda la ciudad durante dos días en su búsqueda cuando se fugó del dulce hogar siendo un adolescente.

Ahora le tocaba fugarse al padre, de modo que tomé el viaje a ninguna parte como un acto de rebeldía, como un sueño. ¿Adónde ir para afirmar mi personalidad, dejar el aburrimiento atrás y medir mis propias fuerzas? París ya no me atraía nada. A los dieciocho años me había paseado por el Barrio Latino y había tenido ocasión de contrastar la mitología con la realidad. Estaba muy de vuelta del París de Hemingway, el Café de Flore, Les Deux Magots, La Coupole, la Brasserie Lipp, la librería de Sylvia Beach, el estudio de Picasso en la rue des Grands Augustins. Y también del París de las hojas muertas de Yves Montand, Sartre, el fantasma de Camus, la música de acordeón. Simone Signoret, la Librería Española de Soriano, la rue de Seine, la Maga de *Rayuela* y la dichosa baguette. Ese París ya me lo había bebido. Tal vez podría irme al Polo Norte hasta llegar a un lugar donde no hubiera ya horizonte.

Mientras tanto, fuera de las ventanillas de aquel Morris, el franquismo se estaba cayendo a pedazos. De hecho, tenía ese coche asociado a las manifestaciones, a las asonadas, a los gases lacrimógenos, a las pelotas de goma, a la luz cobalto dando vueltas en el capó de los furgones de la policía, a la caída en una redada cuando el fusilamiento de Hoyo de Manzanares. Estuve a punto de acabar en los sótanos de la Puerta del Sol, donde podría haber sido apaleado por unos esbirros. Conducía ese Morris durante los dolores de parto que acompañaron la llegada de la libertad y de la democracia.

En sueños había llenado el depósito de gasolina. Había elegido una maleta ligera con la ropa imprescindible, los cachivaches del aseo personal y un cuaderno de notas para escribir un dietario de fuga. Era el 19 de noviembre de 1975. Había salido de casa en la oscuridad de la noche y clareaba el día cuando estaba a punto de pasar la frontera. En ese momento, en la radio del Morris saltó la noticia de que Franco había muerto. Paré el coche en una gasolinera. Me puse a pensar que no había viaje más excitante, fuga más creativa que aquella aventura de la libertad que se iniciaba ese día en España. Sentí que las manos en el volante, por sí mismas, me impulsaban a dar media vuelta. Ante el parabrisas de aquel Morris el amanecer mostraba un horizonte sin límites. No había necesidad de huir a ninguna parte.

Un domingo de principios de los años cincuenta del siglo pasado, Camilo José Cela acompañaba a Pío Baroja por la Gran Vía de Madrid cuando por sus aceras el gentío, que a media tarde iba a los cines y a los teatros, hacía muy difícil abrirse paso. Baroja era entonces un anciano que tenía un diseño propio: la barbita blanca, la boina, la bufanda, el gabán, las botas gastadas. Cuenta Cela que en el trayecto que va desde Cibeles a la plaza de España, prácticamente la travesía del corazón de la ciudad, ningún peatón volvió la cabeza ni hizo el menor comentario. Pío Baroja, un escritor que había publicado más de cien novelas, no fue reconocido físicamente por nadie.

Hubo un tiempo en que la fama se podía soportar desde el anonimato. Los autores solo eran conocidos por la foto que aparecía en la solapa de sus libros o en un periódico, a raíz de algún homenaje o evento literario en que se veía a los contertulios arrumbados de pie en el fondo de un restaurante o a lo largo de las mesas llenas de botellas y de vasos. A pie de foto se podía leer: «Arriba, el tercero por la derecha, García Lorca; el quinto sentado a la izquierda, Alberti». Esa imagen, que con el tiempo se volvía amarilla, creaba una mitología en torno a un autor al que muy pocos habían visto en carne mortal. En cambio, hoy su figura se ha abaratado debido a que los escritores están obligados por las editoriales a participar en la promoción de su obra, se les puede ver con la lengua fuera por todos los aeropuertos, en todos los saraos y, como parte del producto literario, son devorados por los medios de comunicación.

En ese sentido, mi vida podría dividirse en dos: antes y después de salir en televisión. Fue en 1977. Mientras era un joven anónimo que soñaba con ser director de cine o escritor, y toda mi ambición terminaba arrastrando los zapatos por Madrid sin una dirección determinada, el portero de mi finca apenas levantaba la cabeza cuando yo atravesaba el vestíbulo. Ni siquiera respondía a mis saludos si me había demorado en darle alguna propina. Pero he aquí que un día rodó a mi favor la bola de la fortuna y gané un premio literario muy sonado en Madrid, y al día siguiente fui llevado a Televisión Española, la única que había entonces y que veían veinte millones de españoles, donde una pareja de periodistas muy populares, Yale y Tico Medina, al alimón, me hicieron una entrevista de veinte minutos. Esa misma tarde, al volver a casa, en el momento de cruzar el vestíbulo, el portero salió alborozado de su garita para felicitarme, me dio un gran abrazo y exclamó: «Acabo de verlo a usted en televisión». Le dije que pasaba varias veces al día por delante de sus ojos y ni siquiera me miraba. El portero dijo: «Le miraba, pero no lo veía. Ahora ya sé quién es usted de verdad. A partir de hoy, para lo que quiera de mí, aquí estoy».

En efecto, de repente me había convertido en un tipo que había salido en televisión, un suceso que en aquel tiempo casi imprimía carácter, y a partir de ese momento comencé a notar las ventajas. Por ejemplo, aquella farmacéutica tan estricta me vendió por primera vez unas pastillas sin receta; en el restaurante donde solía comer tenía siempre una mesa aunque no la hubiera reservado; en el barrio era saludado por el verdulero, el pescadero, la estanquera, el dueño del bar, el cartero, y mi coche tenía cierta preferencia en el taller. A continuación, la gente de la editorial me llevó por distintas ciudades de España para presentar la novela premiada. Pronto me di cuenta de que más importante que la obra era caer bien al público y a los periodistas que me interrogaban, me fotografiaban, me exprimían con el bolígrafo en mano sin que les interesaran las respuestas. A medida que pasaba el tiempo y los medios de comunicación se multiplicaban hasta constituir un tupido paisaje de micrófonos, pantallas y cables, llegué a pensar que mi existencia era solo mi apariencia. Y de la misma forma que había escritores a los que yo no leería jamás solo porque no me gustaba su cara o por la idiotez que acababan de soltar en televisión o por el ego desproporcionado que tenían, lo mismo podrían pensar de mí otros lectores. De modo que lo primero que debía hacer era cuidar mi imagen. Recuerdo aquel momento de felicidad que sentí el primer verano cuando una noche, en una sala de fiestas al aire libre, el presentador, desde el escenario, micrófono en mano, anunció: «Se encuentra con nosotros el escritor...». Y a continuación pronunció mi nombre. Pensé que había llegado a la fama, pero no sonó ningún aplauso. Aquella noche me di cuenta de que ser escritor consistía en escribir, que este era un oficio como otro cualquiera, que había que hacerlo bien, como un albañil, como un panadero. Publicar y ser leído sin ser reconocido como Baroja en la Gran Vía me pareció entonces un sueño feliz.

Cuando en 1977 se legalizó oficialmente el juego de azar en España y comenzaron a construirse varios casinos, en Madrid seguían funcionando timbas en garitos clandestinos donde se jugaba al póquer y al bacarrá con tal intensidad que los millones iban alegremente de acá para allá al margen de la ley. Durante un tiempo anduve metido en ese laberinto que me permitió descubrir lo más extraño y paradójico que uno lleva dentro cuando se enfrenta a los naipes duros, un conocimiento que podía costar más caro que estudiar en Harvard, aunque tal vez era más instructivo a la hora de explorar los pliegues del alma humana. Estos garitos solían estar situados en un chalet de alguna colonia de lujo rodeado de un gran jardín para que el trasiego de coches hasta altas horas de la madrugada no alarmara a los vecinos. Por supuesto, la brigada de policía encargada del juego sabía con pelos y señales lo que sucedía en esos antros. Dejaba hacer, presuntamente bajo los efectos de la coima correspondiente, pero a veces irrumpía en medio de la partida al grito de: «¡Quietos, dejen todas las fichas sobre la mesa!». Quedaba todo en el cierre y una multa, pero al día siguiente a los puntos se les hacía saber la dirección donde comenzaba a funcionar la nueva timba.

Antes de bajar a este infierno, los amigos solíamos jugar una partida de póquer sin hacernos sangre después de la tertulia de los sábados, unas veces en alguna de nuestras casas, otras en una tienda de electrodomésticos, entre lavadoras, neveras y friegaplatos, ya que su dueño era uno de los puntos y cerraba el establecimiento a nuestro antojo. Recuerdo la partida en el estudio del pintor Pepe Díaz, a quien, por su afición a los toros, el diestro Antoñete había regalado un capote que, chamuscado por las brasas de los cigarrillos, nos servía de tapete. El pintor tenía un perro lobo llamado Gogol, que daba un aullido lastimero cuando su amo perdía un envite. Advertí del peligro que corríamos si la partida un día se calentaba y Gogol se olía que su dueño había sido desplumado. Podía muy bien arrancarnos media pantorrilla de un bocado. Según Pepe Díaz, para que el perro se calmara bastaba con poner una sonata de Bach. Con esa música antes se dormían los reyes, y a Gogol esta melodía lo relajaba. Pero no siempre: el violonchelo lo sacaba de quicio y había que encerrarlo en un corralillo formado con cuadros de paisajes, retratos y bodegones.

Alrededor de la mesa de póquer recubierta por el capote de Antoñete nos sentábamos periodistas, cómicos, poetas, magistrados, directores de cine y el vendedor de electrodomésticos. En cambio, la primera noche que entré en un garito prohibido con unos amigos —y tres o cuatro puntos que eran tahúres profesionales—, la partida la formaban una marquesa a la que solo le quedaba el esqueleto cubierto de joyas, un jamonero al por mayor, un chatarrero de cementerios de automóviles, un rey de las máquinas tragaperras, un perista de oro robado al tirón, el representante de una famosa marca de sostenes, un bombero, un médico que ya había olvidado cómo se tomaba el pulso y algunos facinerosos de paso, entre otros un fulano que exportaba vientres de tiburón a Rusia. ¿Podría aprender algo de estos sujetos? La pintora Beppo, que fue modelo de Modigliani, me dijo un día: «En aquellos felices años veinte en Montparnasse la psicología se daba como asignatura en los burdeles». Yo había aprendido que si en una partida, al cabo de dos horas, no sabes quién es el tonto, es porque el tonto eres tú.

No me gustaba perder, lo que me invalidaba para ser un buen jugador, un defecto que me salvó de caer en la ludopatía. Un jugador con el vicio muy arraigado celebra la ganancia solo porque le va a permitir seguir jugando hasta perderla. Al final de la partida, al verse desplumado, el jugador siente esa ceniza de la derrota en la lengua que acompaña al sumo placer de la propia destrucción. Solo queda despreciarse, compadecerse e invocar de nuevo a la fortuna. Después de atravesar durante unos años ese Madrid clandestino, abandoné para siempre los garitos cuando una noche de lobos un jugador de cuerpo enorme y labios morados, medio árabe, medio judío, medio cristiano, que estaba sentado a mi lado, dobló el cuello en el momento del envite, su nuca emitió un crujido que se oyó muy bien en el silencio de la partida y un instante después todos vimos cómo inclinaba el espinazo sobre el tapete y se quedaba con un ojo mirando hacia la lámpara y el otro hacia la pareja de ases que llevaba en la mano. En medio del sobresalto, el dueño del garito, que dormitaba en un sillón, preguntó: «¿Debe dinero a la casa?». Y sin esperar respuesta, le quitó la cartera al muerto y le extrajo del dedo el anillo de brillantes. Esa noche dejé de creer en ese dios que está al final de una escalera de color.

Una generación equivale a quince años. Aproximadamente es el tiempo que dura la vida de un perro. Esa unidad de medida que se utiliza para fijar en la historia a un grupo de escritores, artistas y políticos también sirve para delimitar una biografía humana, en este caso la mía según los perros que han pasado por mi vida.

Excepto aquel chucho sin nombre que murió aplastado por un camión y el Chevalier, compañero de juegos durante los veranos de mi adolescencia con lecturas en la hamaca, que fue sacrificado con un escopetazo a bocajarro por un jornalero cuando ya era insoportable el dolor que sufría en los últimos días, los demás perros están enterrados bajo un limonero del jardín cerca del mar. De todos ellos reconozco haber recibido una enseñanza.

En los últimos años del franquismo llegó a mi vida una perra de pocos meses que me había regalado un amigo. Era una cocker spaniel rubia, nacida de padres campeones en Kensington y educada en una perrera de prestigio del barrio londinense de Bloomsbury. Se llamaba Lara, y con ella atravesé los estertores de la dictadura, la llegada de la democracia y las convulsiones de la reacción, incluido el frustrado golpe de Estado, hasta el acceso de los socialistas al gobierno. Tenía la frente curva y larga; bien mirado, se parecía a Virginia Woolf, y la forma lánguida y elegante de arrellanarse en el sofá podía ser semejante a la de aquella escritora que reinaba sobre una dorada cuadrilla compuesta de seres inteligentes, frívolos, modernos, unos geniales y otros inanes procedentes de Cambridge. En su casa del 46 de Gordon Square del barrio de Bloomsbury celebraban tertulias los filósofos Bertrand Russell y Ludwig Wittgenstein, el crítico de arte Clive Bell, el economista John Maynard Keynes, el escritor Gerald Brenan, el novelista E. M. Forster, la escritora Katherine Mansfield y los pintores Dora Carrington y Duncan Grant. Vestían ropas vaporosas y sombreros blandos cuando cazaban lepidópteros en los jardines de sus casas de campo; viajaban a Grecia y a Constantinopla con muchos baúles forrados de loneta y allí compaginaban la visión de Fidias o de la Mezquita Azul con la contemplación de niños andrajosos, lo que les permitía ser a la vez estetas y elegantemente compasivos. Luego, bajo un humo de pipa con sabor a chocolate, en Gordon Square, discutían de psicoanálisis, de teoría cuántica, de los fabianos, de la nueva economía y de Cézanne, Gauguin, Van Gogh y Picasso. Algunos jugaban a ser comunistas e incluso a arriesgarse al doble juego del espionaje con la Unión Soviética. Siempre tenían un perro de raza a sus pies, junto a la chimenea, o un lulú en sus brazos. Aquellos seres parecían felices, a mitad de camino entre la inteligencia y la neurosis en una trama alambicada de relaciones cruzadas más allá del bien y del mal, pero sus telas color manteca cubrían las mismas pasiones grasientas del común de los mortales. Al final, toda su filosofía se reducía a celebrar fiestas caseras disfrazados de sultanes. Puede que tuvieran perros de raza, pero Lara no hubiera desmerecido entre ellos porque sus ademanes poseían ese swing inigualable a la hora de moverse. Sin duda hubiera sido bien recibida en el club de canes más escogido.

¿Cómo explicar que con solo contemplar a mi perra podía imaginar aquel mundo fascinante de Bloomsbury? Analizar cada uno de sus movimientos ya era una lección, más allá de haber leído *Las olas*, *Al faro*, *Orlando* o *La señora Dalloway*. De Lara había aprendido a gozar de un amor sin culpa, porque llegara a la hora que llegara a casa, pronto o de madrugada, borracho o sereno, derrotado o vencedor, ella siempre me recibía alegre moviendo el rabo. La belleza de la amoralidad, el creer que no hay fuerza más poderosa que la estética fueron enseñanzas que intuía al contemplar de cerca el carácter de mi perra. Ladraba solo lo necesario. Nunca lo hacía cuando llegaban a casa el chico del supermercado, el cartero o el fontanero, como hacen los perros sin alcurnia. Tampoco ladraba a los amigos ni a los mendigos. Solo emitía sus ladridos intempestivos cuando se producía algún desarreglo en su entorno. ¿A quién ladrará la perra?, me preguntaba. ¿Por qué está tan inquieta? Tal vez se trataba de un reflejo de sol inesperado en la pradera del jardín o del paso de alguien por la calle que por el olfato intuía que era desagradable. O simplemente era una neurótica, como Virginia Woolf. Tal vez sufría las mismas jaquecas y ese punto de histeria que nunca viene mal si uno se cree artista. Bastaba con eso para haber ingresado en el grupo de perros de Bloomsbury y tener acceso a la alfombra junto a la chimenea de Gordon Square. La perra Lara lo sabía todo de mí y siempre respondía con un gesto comprensivo a cualquier estado de ánimo, bueno o malo, de su dueño. Está enterrada bajo un limonero, y en la tierra que la cubre planté unas petunias. Cuando murió, aún no había empezado el desencanto político.

La llegada de los socialistas al gobierno en 1982 la llevo asociada a Nela, una cocker spaniel color canela. Aunque era de la misma raza, no podía compararse en elegancia con la perra Lara. No era tan sinuosa a la hora de arrellanarse en el sofá, pero tenía un grado de locura que la hacía muy sorprendente y villana, con arreglo a la nueva estética social que acababa de imponerse en la calle. Un día en que desde Buenos Aires, en una entrevista por radio, me pedían la opinión sobre los primeros meses de Felipe González en la Moncloa, comenzaron a oírse a través del micrófono unos ladridos histéricos, insistentes. El locutor argentino me preguntó con cierta ironía si ese perro también tenía algo que decir acerca de la política española. Le dije: «Es Nela, que está ladrando a la primera rosa que ha brotado en el jardín esta primavera».

Corría aquel tiempo en que los ricos se llevaban las maletas llenas de dinero a Suiza porque creían que los rojos habían conquistado el poder. Nela iba a lo suyo, persiguiendo mariposas en el jardín, y estaba llena de vida en ese momento en que, después de un par de años con Felipe González en el gobierno, esos mismos ricos comenzaron a relajarse al comprobar que los socialistas no habían venido a quitarles el dinero sino a apalancarlo, a certificarlo en los bancos, en cuya labor también colaboraba el comunista Santiago Carrillo. De modo que los que más tenían volvieron a traer las sacas al país.

Si los perros tuvieran ideología, Nela podía haber sido una anarquista, versión ecologista, porque nunca ladraba a los mendigos que venían a pedir limosna ni a ningún otro desconocido que fuera mal vestido. Estaba seguro de que habría movido también el rabo a cualquier ladrón que hubiera entrado en casa. Solo ladraba como forma de saludo a la luna llena, a las mariposas, a las lagartijas e incluso a las flores nuevas que veía en el jardín. Le gustaba olisquear las plantas y jugar con los niños. Fue creciendo a lo largo de los años ochenta mientras este país cambiaba de piel. La rebelión de los jóvenes frente a sus mayores era el acontecimiento sociológico que se producía cada noche a simple vista en las aceras, pero la revolución social soñada por los comunistas era como ladrar a la luna.

La perra Nela tuvo la mala suerte de compartir los últimos años con Tobi, un chucho golfo recogido en la calle, que se había visto obligado a ser extremadamente gracioso para abrirse un hueco en la vida. A simple vista parecía un pinscher, de un palmo de alzada, pero visto de cerca era un bastardo con cara de ratón, aunque tenía ínfulas de mastín con un sexo diseñado como la pistola del Coyote. Alguien lo había abandonado en el parque del Retiro, y entre dos luces de una tarde de otoño lo vi cruzar la calle a punto de ser aplastado por un autobús. Se produjo un frenazo en seco, el chucho salió ileso de entre las ruedas; lo recogí mientras en su homenaje se producía un atasco de tráfico que llegaba hasta la Cibeles. Lo ingresé de urgencia en una clínica veterinaria de lujo que atendía a perros de mucha estirpe en el barrio de Salamanca, donde pasó varios días estresado y cuidado con exquisitez, espatarrado, panza arriba. «¿Cómo está?», preguntaba mi mujer cada día. «Sigue estresado», contestaba el veterinario. Puse un anuncio en el periódico: Pinscher hallado en la calle. Y a continuación un número de teléfono. Se produjeron muchas llamadas y visitas, pero al verlo de cerca todos los que pensaban apropiarse de un perro de raza lo repudiaban al encontrarlo tan miserable.

Debido al desprecio que sufría aquel chucho, no tuve más remedio que adoptarlo. Lo bauticé con el nombre de Tobi, que así se llamaba también el perro de Thomas Mann, y a continuación me rendí a su gracia, hasta el punto de que de ese chucho aprendí lo que no me había enseñado ningún catedrático a la hora de definir el concepto de patriotismo. Siendo de origen tan humilde, era un perfecto hedonista. Solo tomaba el sol en enero, se purgaba con hierbas cuando tenía algún desarreglo de tripas y al salir cada mañana de casa a pasear lo soltaba en la calle y el perro orinaba en los alcorques de cuatro árboles. Era aquel tiempo en que este país había comenzado a estremecerse por los gritos de independencia que provenían de Cataluña. Tobi cada día me daba una lección. Mientras marcaba su territorio con sus orines parecía decir: Esta es mi patria, y se revolvía cuando otro perro atravesaba sus fronteras. Tobi, el chucho recogido de la calle, sabía más que Horacio a la hora de vivir cada día en el límite del placer. A su lado, la anarquista Nela ladraba a las flores nuevas y lamía los pies de los mendigos.

Aquel chucho callejero rescatado de las ruedas de un autobús se adaptó muy pronto a la molicie de casa sin perder nunca su mirada desvalida, incluso cuando reinaba en lo más alto del mejor almohadón. Puesto que ignoraba su pasado, me preguntaba qué clase de miserias habría sobrellevado Tobi en esta vida, cuántos obstáculos habría tenido que vencer para convertirse en un ser tan listo y amoroso y, pese a su origen, tan orgulloso y pagado de sí mismo. Se salvó del hambre y de la muerte en la ciudad y aún tuvo que superar la última prueba definitiva en el campo. Un día lo solté en medio de un huerto de naranjos. Tobi iba muy alegre y chulito por un sendero y de pronto apareció un dóberman del vecino que se precipitó con toda la furia sobre él, dispuesto a descuartizarlo. Le arreó un primer bocado en la cabeza y con toda ella dentro de las fauces lo zarandeó con violencia en el aire para desnucarlo; luego lo arrojó al suelo y lo trincó por los riñones con la intención de partirle la espina dorsal, aunque solo logró clavarle los colmillos en la tripa, ya que Tobi se adaptó con extraordinaria flexibilidad al ritmo de la boca del dóberman. Pasó tres días sin moverse, sin acostarse, sin comer ni beber, y parecía preguntarse por qué la vida había sido tan dura con él. Acostumbrado a las desgracias, el chucho presenció al año siguiente la muerte de su compañera Nela como algo natural, y por unos meses se convirtió en el único guardián de la casa y aprendió a ladrar como un mastín.

Poco después recibí una carta muy cordial de un político de derechas que, al parecer, tenía un criadero de perros. Decía: «He leído su artículo sobre la muerte de Nela y, aunque nos separan las ideas políticas, nos une el mutuo amor a los animales y espero que acepte este regalo». El regalo consistía en una pareja de hermosos cachorros cockers americanos de tres meses, que fueron aceptados de buen grado y bautizados con los nombres de Linda y Ron. Ella era dorada, muy chata; él, negro antracita, con los ojos parecidos a los de Louis Armstrong, con un fuego en las cuatro patas, uno en el rabo y otro en la frente, una peculiaridad muy rara de belleza canina. «A cualquier concurso que lo lleve, ganará el primer premio», me decían los entendidos. Pese a su depurada raza, el negro Ron estaba especializado en robar de las manos las galletas a los niños y el pan de la mesa, solo por afirmar su personalidad. Había que ver a su lado al chucho Tobi. Este plebeyo era el que más reparos ponía ante el plato de comida. El aristócrata Ron soportaba cualquiera de sus caprichos hasta el momento en que se hartaba y, mientras los dos se peleaban, a la rubia Linda le bastaba con admirarse ante el espejo de sí misma.

Bajo los ladridos de estos perros la historia cambió de milenio. Lejos de los terrores que anunciaban los profetas, el país pasaba por una época de prosperidad y todo el mundo bailaba y reía dentro de la burbuja económica. La primera legislatura del Partido Popular en el gobierno había sido sosegada y todo parecía indicar que el relevo en la política seguiría los cauces normales, hasta que la mayoría absoluta que consiguió José María Aznar en su segundo mandato lo convirtió en un político poseedor de un orgullo que era lo más parecido al odio envasado de sus tiempos de falangista. Durante esa legislatura, los partidos políticos tomaron mutuamente al adversario por un enemigo. Este devenir a contradiós lo llevo asociado a los catorce años que esta pareja de perros, la hermosa rubia y el bello negro, ejerció sus gracias en la casa bajo la vigilancia de Tobi mientras vivió. No he olvidado la última mirada que me dirigió mientras se lo llevaban para que el veterinario lo sacrificara. Era una mirada de amor, de gratitud, de comunión con la muerte. Fue por aquellos días cuando ocurrió el atentado de Atocha y la derecha perdió el gobierno. Su vida sirvió para marcar cualquier acontecimiento. Esto sucedió cuando Tobi aún vivía, se decía en casa.

La perra Linda murió un verano y fue enterrada bajo un limonero cerca del mar. Su compañero de toda la vida, el negro Ron, no pudo resistir su ausencia. Le bastaron dos meses de separación para que una mañana apareciera con todo el pelo blanco y acabó por morir de melancolía en la ciudad, lejos de su amiga. Más allá de cualquier tragedia que sucediera en el planeta, consideré un deber ineludible llevar las cenizas del negro Ron, el perro que tenía ojos de Louis Armstrong, el que robaba la merienda a los niños, para enterrarlas junto a las de su compañera. En medio de las tensiones políticas y de la crisis económica por la que estaba atravesando entonces el país bajo el gobierno de Zapatero, la existencia de estos perros fue parte esencial del tejido de mi vida.

El último concierto al que asistí fue el que en 1984 se celebró en el Palacio de los Deportes de Madrid donde el alcalde socialista Tierno Galván, para dar paso a la primera descarga de rock, ante miles de jóvenes puestos a cocer en las gradas de cemento, pronunció aquella frase memorable: «Y el que no esté colocado que se coloque», y la remató con el grito de «Al loro». Colocarse significaba simplemente meterse un pico en las venas o una raya de farlopa por la nariz o un porro de maría en el tronco. Por otra parte, «al loro» era una expresión vallecana que significaba estar a la que salta y permanecer vigilante para pillar tajada. Era el tiempo en que la heroína hacía estragos. Cada noche, en los bares de la Movida aparecía un yonqui deslumbrado con la cabeza dentro de la taza del retrete, muerto por sobredosis. Ante semejante impostura a cargo de aquel viejo profesor de rostro abacial y cuello blando, dije adiós a todo aquello y no volví a asistir a ningún concierto subvencionado desde arriba, fuera quien fuera el político que estuviera arriba.

Tierno Galván se mostraba dispuesto a todo con tal de parecer moderno y antiguo a la vez, una mezcla explosiva que le proporcionó muchos réditos electorales. Como un caballero inactual, publicaba unos bandos en los que parodiaba un remedo de la literatura del siglo XVIII, estilo Moratín.

Había alcanzado la conciencia política a través de los conciertos que se dieron en Madrid como arietes para asaltar el bastión de la dictadura. La libertad llegó a este país con las primeras guitarras eléctricas. Al final de cada concierto, era obligado encender el mechero o una cerilla para acompañar la última canción. Llegado el caso también lo hice. Esa llama era la que alumbraba el callejón sin salida de la historia, pero sentirse apretado por una multitud de cuerpos aquellas noches en que parpadeaban las luciérnagas bajo las descargas de música era entonces una forma de ser, de estar, de ligar, de gritar, de huir.

En 1976 se celebró el concierto de Raimon en el pabellón del Real Madrid, con la oposición recién salida de la alcantarilla y de la cárcel sentada en la fila cero, con Marcelino Camacho al frente. Recuerdo que la policía que rodeaba el pabellón estuvo a punto de cargar dentro del local para fumigarnos a todos. Y bajo ese perfume de gas lacrimógeno llegó la Transición, y en enero de 1981, en ese mismo lugar, se produjo la descarga salvaje del grupo australiano AC/DC, cuando las turbas del sur, equipadas con chupas de cuero duro y esquirlas de vidrio e imperdibles traspasados en la carne de las mejillas, derribaron todas las vallas. Era otra clase de transición. Aquel concierto me pilló dispuesto a agarrarme a la última asa de la libertad, a las alas del último arcángel que sobrevolara aquel espacio. Y en eso, en julio de 1982, llegaron los Rolling Stones al estadio Metropolitano una tarde de calor obsceno, lleno de humedad eléctrica, que acabó en una tormenta en la que los truenos emularon las descargas que despedían los bafles. O al revés. En la grada ya había ministros de UCD con sus retoños, alguno de ellos con el pelo pegado y vestido de marca.

En Madrid todavía reinaba la resaca del golpe de Tejero, aunque quedaban restos de una acracia feliz. Los socialistas estaban a punto de llegar. Tierno Galván se les había adelantado en la alcaldía. Era un tipo que daba los buenos días por la radio a los policías citando a Schopenhauer, pero en lugar de John Lennon decía John Lennox. No obstante, en casa salía agua por los grifos. Ahora, con una copa en la mano, recuerdo aquellos tiempos en los que la libertad estaba iluminada por la llama de un mechero. Hoy aquella llama ha sido suplantada por la luz de los móviles que se encienden al final de cada concierto para iluminar, igual que antes, el callejón sin salida de la historia.

Se dice que, durante las Cortes de la Segunda República, el líder socialista, Indalecio Prieto, y el jefe de filas de la derecha, Gil-Robles, nunca llegaron a dirigirse la palabra cuando se cruzaban por algún pasillo del Congreso. Algunos historiadores opinan que si estos dos cabecillas de bandos contrarios se hubieran sentado un día a tomar café, no se habría producido la guerra civil. Muerto Franco, llegó la democracia. Parecía que semejante actitud entre políticos opuestos se iba a repetir cuando aquel día de julio de 1977, a media mañana, los salones del Congreso se fueron llenando de diputados recién elegidos en los primeros comicios democráticos del 15 de junio. La mayoría eran desconocidos, pero entre ellos se encontraban personajes que habían ocupado las primeras páginas de los periódicos en los últimos años del franquismo, de un lado y del otro, desde el poder o desde la clandestinidad, la cárcel o el exilio.

No había en Madrid un lugar más excitante en ese momento que el bar del Congreso, donde periodistas y políticos de todas las ideologías se veían por primera vez las caras, se cruzaban los abrazos, se intercambiaban noticias, chismes y rumores, y se mostraban la dentadura hasta la muela del juicio en las mutuas carcajadas. La primera amalgama entre los grupos parlamentarios de cada partido se producía en medio del sonido de las cucharillas, copas y tazas de las consumiciones. Al principio, los veinte diputados comunistas llegaban al Congreso y se dirigían directamente a sus escaños del hemiciclo, y allí permanecían en silencio, sentados muy formales, a la espera de que se abriera la sesión, como dando a entender que ese asiento no se lo pillaba nadie, con lo que les había costado alcanzarlo. Eran veinte rostros de viejos luchadores contra el franquismo que habían sufrido cárcel, tortura y exilio, pero a la gente de la calle les recordaban la guerra civil, una tragedia que trataban de olvidar. España había decidido decir adiós a todo aquello.

Muchos periodistas habían tomado el Congreso como un circo, o tal vez como una plaza de toros, puesto que sus crónicas estaban salpicadas de imágenes y expresiones taurinas. Esperaban que se produjera un tercio de varas cuando se enfrentaran Santiago Carrillo o Dolores Ibárruri con Fraga Iribarne en el hemiciclo, pero no sucedió nada más allá de la tensión. Mientras Manuel Fraga, en el papel de toro nacional, iba por la vida resoplando y comiéndose las palabras, Carrillo pasaba por la ardua tarea de convencer al público de que no tenía cuernos ni rabo. Pasionaria dormitaba en su escaño como esas madres ibéricas de luto que esperan en una estación perdida un tren lejano que tal vez no va a pasar nunca. Adolfo Suárez exhibía el diseño corporal de un actor secundario de una película de romanos, la mandíbula recta, la mano apta para dar palmadas en el costillar. A Guerra le bastaba con la lengua ácida preparada para el chascarrillo venenoso. Felipe apuntaba maneras de lo que sería un gran líder de izquierdas. Tierno Galván repartía oraciones y consejas. ¿Quién se acuerda ahora de todo aquello? La historia de aquellas Cortes consiste en la forma en que los comunistas decidieron un día entrar en el bar del Congreso y pedir un café con leche. Al principio se sentaban en corro en un rincón, pero poco a poco se disolvieron en el ambiente de camaradería y fueron los primeros en admitir que allí ya no había enemigos sino adversarios.

Tampoco había banderías entre los periodistas. Después de la sesión de la tarde, cada uno mandaba su crónica al medio respectivo y después se iban juntos a tomar copas a Bocaccio, a Oliver o a Carrusel. Eran aquellas noches de verano de amor libre, de acracia feliz, en que el Gato Pérez cantaba *Gitanitos y morenos*, el acordeón de María Jesús tocaba *Los pajaritos* y los alemanes, en las terrazas de la costa, ahítos de paella con sangría, movían los codos como queriendo volar. Cuando el director del periódico me pidió que me ocupara de la crónica parlamentaria, lo primero que me vino a la mente fueron los escritores que me habían precedido en esta tarea. Imaginaba que en aquella tribuna de la prensa se habían sentado Azorín, Galdós, Fernández Flórez, Julio Camba, Josep Pla. De hecho, la crónica parlamentaria constituía en sí misma un género literario. Pasearse por los salones del Congreso, tomar café con los diputados en el bar, sentirse cerca de los líderes políticos y, después de respirar el ambiente, escribir un texto acerado que fuera mitad político, mitad social para que el lector, con solo haberlo leído, se diera por enterado antes de opinar. Me vienen a la memoria esas noches cuando todavía era posible no odiarse, beber juntos, ser independiente, mientras la libertad se estaba desperezando como una hermosa gata y aún creíamos que la política era una de las bellas artes y no, como hoy, un infierno lleno de palabras.

La ideología es una cuestión de bulbos cerebrales, decía un neurocirujano en aquella sobremesa. A medida que uno se hace mayor y se le pone el pelo canoso va abandonando los ideales revolucionarios de juventud y, sin apenas darse cuenta, se encuentra un día convertido en un reaccionario. Esa deriva es una experiencia que puede constatarse muy a menudo, pero el neurocirujano iba más allá. En aquellas alegres sobremesas de los años ochenta en el jardín derruido de Villa Valeria, al pie de los Siete Picos del Guadarrama, el neurocirujano presumía de ser capaz de operar de ideología. «Tumbo a Santiago Carrillo en el quirófano, le abro el cráneo, le toco con el bisturí un determinado y microscópico filamento del cerebro y sale de la anestesia cantando el *Cara al sol*». En aquel tiempo posfranquista estas cosas se decían acompañadas del último chupito de orujo y eran muy celebradas por intelectuales de izquierdas. Así fue premiado con muchas risas el neurocirujano, quien ya embalado añadió: «Puedo hacer lo mismo con Blas Piñar, el presidente de Fuerza Nueva. Un pequeño toque en un capilar del cerebelo y empieza a cantar *A las barricadas* o *La Internacional*».

En aquella sobremesa había un joven marxista muy radical que había arriesgado el pellejo en su lucha contra la dictadura. Después de cuarenta años, un día lo encontré en la cola de un establecimiento de loterías y apuestas del Estado. Habíamos dejado de vernos hacía ya mucho tiempo y, pese al deterioro físico que acarrea la edad, nos reconocimos y nos dimos un abrazo. Este antiguo y denodado luchador por la justicia universal me mostró el resguardo de la bonoloto que llevaba en el bolsillo. «Esta es la última ideología que me queda», me dijo. Su historia puede ser la de gran parte de una generación. En su día votó al Partido Comunista porque creía que una papeleta en la urna era la única arma que la democracia le entregaba para luchar por la igualdad y la justicia; luego, a lo largo de los años, a medida que, según la teoría del neurocirujano, se le iban estrechando ciertos bulbos del cerebro, militó en diversas formaciones políticas para acomodar sus sueños a la realidad. La salvación del mundo podía esperar. Desde el socialismo y la socialdemocracia derivó hacia una derecha europeísta y civilizada, pero tal vez por un fracaso amoroso o porque no consiguió el merecido cargo que esperaba, o simplemente por la frustración que nace de mirarse en el espejo y ver que la imagen del joven rebelde ha desaparecido, el viejo marxista fue acogido por un cabreo existencial contra sí mismo y el mundo entero y sin darse cuenta se vio incendiando las redes y las tertulias con despropósitos, opiniones violentas e insultos a sus antiguos camaradas. Un día se declaró de extrema derecha, cosa que tampoco sació por completo su atormentado cerebro. Hubo un momento en que este viejo luchador acabó en una encrucijada: tuvo que elegir entre la cola ante la iglesia de Jesús del Gran Poder que le conduciría hacia la España del NO-DO y la cola de Doña Manolita, que desembocaba en el incierto y voluble azar. Ignoro hasta dónde le acabó llevando la cólera contra su pasado a este viejo marxista porque, según me confesó, nunca le había tocado ni la pedrea en la lotería, ni las quinielas, ni la bonoloto, ni la primitiva, que eran los distintos partidos en los que militaba cada semana.

En aquellas alegres sobremesas campestres en las que el aroma de jara y espliego se unía a la lucha contra el franquismo me sorprendí al oír que uno de aquellos comensales tan progresistas exclamó a los postres bajo los efectos del orujo: «Tengo ganas de que, muerto el dictador, llegue la libertad y la democracia para poder ser de derechas». Hoy no me sorprendería en absoluto. He tardado muchos años en aprender a juzgar a las personas una a una, al margen de su ideología. Debido a que desde muy joven fui amamantado por el antifranquismo, creía que por gracia de la naturaleza la gente de izquierdas era inteligente, generosa, solidaria, con una honradez congénita. Recuerdo que un día, apenas iniciada la Transición, me llamó el agente de una importante editorial para proponerme un tema para una novela que podría tener un éxito descomunal, incluido un premio literario asegurado. El argumento consistía en un diputado socialista que tenía una amante y que encima se había metido en un caso de corrupción. Aparte de una provocación muy obscena, con la ingenuidad todavía a flor de piel, ese caso me parecía de ciencia ficción y mandé al agente a la mierda.

A estas alturas de la vida ignoro adónde han ido a parar los ideales de juventud de toda una generación ni qué significa hoy ser de derechas o de izquierdas. Recuerdo la salida cínica del neurocirujano en aquella sobremesa. Antes de pasar por el quirófano para saberlo, pienso que, más allá de la ideología, ahora la lucha se reduce a ser simplemente un demócrata y una persona decente.

Estaba sentada en un sillón roto de mimbre blanco en aquel jardín derruido, rodeada de jóvenes devotos que escuchaban con veneración lo que ella contaba: «Me gustaba mucho bailar pasodobles, *España cañí* o lo que fuera —decía Dolores Ibárruri—. En la plaza de mi pueblo había un quiosco de música y a su alrededor se montaba el baile los domingos por la tarde. Allí danzaba yo con todos los muchachos. Tuve un primer novio que se llamaba Miguel Echevarría, lo recuerdo perfectamente, un chico de Matamoros, ajustador metalúrgico, muy tímido, que venía atravesando los montes los domingos a sacarme a bailar. Duró poco porque no hablaba nada. Si yo callaba, él no hablaba. Un día le dije: "Ya no vuelva más"».

Todo el aire del jardín lo llenaba el aroma del sofrito de carne de pollo, de conejo y de magro de cerdo que crepitaba en la paella. Pasionaria a veces interrumpía la charla y cantaba un zorcico con voz muy templada mientras de la paella, que se guisaba en su honor, a veces saltaba el chisporroteo del aceite hirviendo, del que había que protegerse como de un bombardeo. A continuación, el responsable del guiso reanimaba el fuego de leña y ponía a sofreír las verduras. Algunos de aquellos devotos, que se sabían de sobra la vida y milagros de esta santa, jugaban a la petanca en la explanada del jardín que en los buenos tiempos había sido cancha de tenis. Entre los jugadores estaba el guardaespaldas de Pasionaria, que había subido con ella a esta casa de la sierra del Guadarrama aquel domingo de mayo, recién llegada a Madrid después de un exilio de cuarenta años. «Yo pertenecía al apostolado de la oración y llevaba un escapulario del Corazón de Jesús aquí en el pecho y una cruz en la espalda. No todos los días, no. En las fiestas, en las procesiones. A veces acompañaba a la maestra a arreglar el altar y me confesaba todas las semanas. Es lo bueno que tenía: hacías cualquier cosa, te confesabas y hala. Cuando en 1936 salí diputada y llegué al Congreso, no me impresionó nada. Me pareció como la iglesia de mi pueblo con más lujo. Estaba acostumbrada a las maderas, a los candelabros, a las alfombras, a los altares, a esas maravillas».

Entre los asistentes a aquella comida campestre había hijos de rojos fusilados o encarcelados y de vencedores de la guerra civil. Entre ellos, al margen de la ideología de sus antepasados, se establecieron dos bandos irreconciliables. Ahora Pasionaria asistía a una discusión acalorada. ¿Qué había que echar primero a la paella, el agua o el arroz? En la paella ortodoxa, después del sofrito de la carne y de las verduras se echa el agua, se sube el fuego unos minutos para que rompa a hervir y después se deja que adquiera toda la sustancia a fuego lento durante media hora o más. Otros eran partidarios de la paella sintética, la que te dan en los restaurantes. Se sofríe el arroz y se añade el caldo, se deja hervir durante veinte minutos y listo. Los gritos de la discusión llegaron hasta la cancha de tenis. Cumpliendo con su obligación, el guardaespaldas se acercó a preguntar qué pasaba. Nada, no pasaba nada. Ganaron los ortodoxos, se calmaron las aguas y Pasionaria pudo seguir contando sus cosas mientras se hacía el caldo, antes de echar el arroz: «Tampoco había en el Congreso algún personaje que me llamara mucho la atención. Azaña era un hombre muy hermético, muy adentrado en sí mismo, inteligente, pero cerrado. Indalecio Prieto era otra cosa, tenía mucha simpatía, yo le quería mucho. Besteiro era un señor muy estirado, no tuve relación con él. ¿Cómo iba yo, mujer de un minero, a tener trato con un hombre tan fino? Gil-Robles era inteligente, un enemigo de cuidado. Calvo Sotelo era el gran adversario, pero nunca le dije que moriría con las botas puestas. Lo que pasa es que yo era una mujer de pueblo, vestida de negro, que hablaba clarito y eso impresionaba mucho a aquella gente. ¿Stalin? A mí me trataba con afecto. Era de regular estatura, ni alto ni bajo. Vino a verme al hospital cuando ingresé en 1948 para operarme de vesícula. No, no, nunca le di la mano».

En aquel jardín derruido alrededor de una casona devastada bajo unos pinos centenarios la armonía era perfecta. Sobre la mesa habían quedado restos de una paella muy celebrada. En unos columpios se balanceaban unas niñas rubias que el día de mañana crecerían en libertad. Olían las jaras aquel domingo de mayo de 1977, en el bosquecillo de robles cantaban unos mirlos. Dolores Ibárruri, con la mano en la barbilla, se puso a dormitar en el sillón de mimbre blanco desvencijado. Unos volvían a jugar a la petanca. La chaqueta del guardaespaldas de Pasionaria tenía dos aberturas. Al agacharse para lanzar una bola llegó un soplo de brisa y dejó al descubierto, sobre uno de sus riñones, encasquetado en la correa, un pistolón del nueve largo. Fue entonces cuando se rompió todo el encanto.

Durante los últimos años del franquismo, ninguno de los progresistas de entonces, comunistas y socialistas, con todas sus gamas del color rojo, iba mucho más allá de la tortilla de patatas, los calamares a la romana y el vino peleón a la hora de sentarse juntos a una mesa para celebrar cualquier suceso. Puede que alguno hubiera realizado un viaje clandestino a un país del Este y, en ese caso, hubiera traído algún mantel bordado y unos botes de alcaparras y de pepinillos en vinagre. Los de Rumanía, que eran muy apreciados. No obstante, la tortilla de patatas, la de toda la vida, como la hacía la abuela, era el punto de encuentro que concentraba todas las opiniones sobre las condiciones objetivas para la huelga general. A nadie se le ocurría hablar de gastronomía. Hubiera supuesto una frivolidad muy sospechosa. La austeridad formaba parte de la ideología de izquierdas.

Hubo un tiempo de la expansión económica en que para la derecha toda España era un percebe. En los restaurantes de cinco tenedores los ricos se saludaban con una cigala en la mano y los menos ricos tenían derecho, como mínimo, a unas gambas al ajillo de aperitivo en el bar de la plaza al salir de misa de una los domingos. Pero en esa barra los rojos no pasaban de un chato y un pincho muy recio o de unas bravas ensartadas con un palillo, que se llamaba banderilla.

Las cosas comenzaron a cambiar cuando Franco ya había muerto y en la Transición el desencanto había empezado a asomar la oreja. En ese tiempo se produjo la reconversión estética y gastronómica. Después del primer viaje iniciático a Ibiza, ciertos pintores pasaron del realismo socialista al erotismo; dejaron de pintar segadores airados con la hoz en ristre o mineros carbonizados, y alegraron la paleta para pintar chicas de largas piernas desnudas con ligueros entre almohadones rosas y vacas con ubres azules. Del mismo modo, aquellos progresistas tan austeros en la mesa cambiaron de paladar y aceptaron el compromiso con un gusto más elaborado. Me sorprendió que antiguos camaradas a los que recordaba muy ascéticos, a medida que se iban edulcorando sus ideales revolucionarios, hubieran comenzado a hablar de platos y de recetas de cocina. No podía imaginar que rojos de toda la vida, con tres generaciones de antepasados obreros o campesinos, empezaran a analizar si el vino que había servido el camarero tenía retrogusto, rompía en boca, si sus lágrimas eran largas o cortas y su sabor aterciopelado o afrutado. De pronto, gente dura, hecha a soportar todas las inclemencias políticas de la dictadura, incluidas la cárcel y las torturas, se permitía devolver un filete porque estaba demasiado hecho cuando ellos lo habían pedido sangrante. Debajo de este nuevo paladar latía una duda hamletiana: ¿tenían los rojos derecho al placer culinario o estaban condenados por naturaleza a la tortilla de patatas y el bocadillo de calamares? ¿Podía rescatarse la gastronomía como una cultura también de izquierdas o solo la derecha tenía el gusto lo suficientemente fino y adiestrado para los sabores más exquisitos?

Si en este país hubo una revolución, fue la del paladar. En los años ochenta muchos militantes barbudos de izquierdas se hicieron gastrónomos, pusieron restaurantes en los que comenzaron a rescatar platos autóctonos, sabores de su infancia, aquel puchero de la tía María, los dulces que hacía la abuela, las meriendas de Pascua. Y era de ver con qué naturalidad esos militantes habían pasado de la clandestinidad política a convertirse en *maîtres* famosos. Fue uno de los espectáculos de la Movida. También yo transité ese sarpullido gastronómico. Empecé a pensar que ninguna filosofía podía compararse con el aceite de oliva virgen extra de primera prensada en frío, y durante algún tiempo practiqué el misticismo de rumiar el alimento, imaginando el camino que había recorrido desde su origen hasta llegar a mi boca para formar parte íntima de mi cuerpo y de mi memoria.

Pensé que una biografía no debía obviar los platos que me habían hecho feliz, los licores que me obligaron a soñar en un mundo mejor, las mesas que había compartido con gente importante o simplemente con amigos bajo los toldos de verano junto al mar, en las islas, en los países por donde había pasado. Recordaba la aventura de aquel jardín derruido que rodeaba la vieja casona deshabitada de la sierra de Guadarrama donde se reunieron unos jóvenes progresistas desde el otoño del 68 hasta la llegada de los socialistas. En medio de una felicidad campestre y antifranquista, bastaba con ver la calidad de la cesta en la que traían la inefable tortilla de patatas y la forma de usar el cuchillo y el tenedor para saber quién era hijo de vencedores o de vencidos en la guerra. Unos trabajaban en los ministerios, otros en la universidad, todos compartían la mesa al aire libre bajo los pinos. En plena Transición, en esa mesa cubierta con un mantel de Rumanía, al final ya se hablaba de cosechas de vinos, de clases de quesos, de arenques del Báltico y de tartas de frambuesa. Allí supe que había empezado la verdadera revolución, cuando estos amigos comenzaron a soñar con faisanes.

Lo mejor de cualquier viaje literario es ese momento en que uno decide dejar atrás la rutina de todos los días y manda por delante previamente su alma a ese país, a esa ciudad que ha elegido como destino. Uno debe llevar un equipaje sucinto, llenar con lo necesario una pequeña maleta o una mochila y acariciarla como a una perra que te va a seguir a todas partes con una fidelidad absoluta. El hecho de preparar la maleta para viajar es uno de los actos más felices de la vida, solo comparable al de regresar a casa para convertir en humo de la memoria la experiencia vivida. Entre estos dos momentos de placer se desarrolla el viaje en sí mismo, que suele estar lleno de penalidades y contratiempos.

Prácticamente a lo largo de mi vida apenas he viajado un par de veces como un simple turista que llega a una ciudad y sigue de forma bovina a un guía que te lleva a ver catedrales y museos y se demora explicándote cada detalle hasta que se te revientan los pies. He dado la vuelta al mundo y siempre he buscado en cada país, en cada ciudad, un motivo profesional para estar allí. A veces, durante los insomnios, dejo volar la imaginación sobre aquellos sitios que a lo largo de los años han quedado grabados para siempre en la memoria. Si Melville decía que las auténticas ciudades son aquellas que no están en ningún mapa, pienso que se refería a esos lugares que, siendo absolutamente verdaderos, con el tiempo se convierten en imaginarios. A veces un largo viaje ha quedado reducido a una sensación, a una instantánea fugaz pero imborrable. No puedo olvidar el olor a arenque fresco que transportaba el río Nevá a su paso por San Petersburgo, junto al Hermitage, el antiguo Palacio de Invierno. Si ese olor ha quedado en mi cerebro, será porque su recuerdo es más profundo que las hazañas de la historia y de la política. De hecho, al final, el asalto al Palacio de Invierno por los bolcheviques, después de tantos años, quedó en nada. La revolución soviética ya no existe; en cambio, el olor del arenque perdura.

Llegué a Fez un día de Ramadán, era primavera y había luna llena; desde el minarete de la mezquita Karaouina, al atardecer, las trompetas de plata que anunciaban el fin del ayuno atravesaban los aromas de pan caliente que salían de las tahonas y los que emanaban todas las hariras que se estaban cocinando en el laberinto de la medina y que me llegaban hasta el hotel Palais Jamai. Para mí, Fez siempre será ese aire dominado por el olor de dulces muy azucarados unido al té con hierbabuena, una forma como cualquier otra de espiritualidad siempre que se oiga el cántico del muecín.

Navegando las aguas del río Zambeze, entre Zambia y Zimbabue, cerca de las cataratas Victoria, era imposible sustraerse a un maleficio: la belleza de las fieras es inseparable de su crueldad y a su vez esta crueldad es la última forma de inocencia. Las riberas estaban orladas de cocodrilos. Un ejemplar de cuatro metros se acercó a la barcaza, en cuya cubierta entoldada tomábamos gin-tonics contra el resplandor de una tarde de fuego. La fiera llegó a rozar con su cuerpo la amura y pudo haber dado un latigazo con la cola para descolgar a alguno de los pasajeros, que lo contemplábamos asomados por la borda con fascinado horror. Ese gin-tonic, bebido a sorbos muy medidos ante la mirada del cocodrilo, será para mí inolvidable.

Durante los insomnios la imaginación vuela desde la puesta de sol sobre las colinas de África al moho milenario que cubre las lápidas del viejo cementerio de Praga y desde allí se diluye en las aguas verdosas del Ganges a su paso por Calcuta, en cuyas escalinatas, en ambas riberas, saltaban los monos sobre las piras de los cadáveres que se estaban incinerando. Después recuerda el ronroneo de las oraciones de los monjes de Bután; los cuerpos espléndidos de las muchachas que jugaban al béisbol sobre la arena de la playa de Copacabana; el tren que subía renqueando desde el Cuzco hasta Machu Picchu; las barcazas de la isla Elefantina, con sus velas color azafrán que te llevaban por el Nilo; el sudor que empañaba los ojos en la ascensión por los Propileos hasta la Acrópolis de Atenas; las letrinas en círculo de Éfeso, donde Pitágoras explicaba su teorema... Chicago, Tijuana, Kigali, Pekín, Bangkok, Sumatra, Nairobi, el desierto de Atacama, la isla de Pascua, el sonido de un pájaro carpintero que sintetiza todo el silencio de la Patagonia y así hasta que finalmente me duermo. Llega un tiempo en que el perfecto viajero es aquel que da la vuelta al mundo sin levantarse de la cama. Según Parménides, el movimiento solo es una ilusión de los sentidos. Todos los lugares del mundo son el mismo lugar. El sueño de todo esto es el verdadero viaje.

Una vida humana, ochenta vueltas al sol, equivale a cien mil años geológicos. Estar vivos tan poco rato nos impide percibir los cambios que se dan en nuestro planeta. Esa aparente inmutabilidad de la naturaleza frente a la brevedad de la vida es la sensación que se obtiene, como una revelación cósmica, cuando se viaja a la Patagonia. Hace unos años anduve por allí contemplando ballenas, glaciares, cordilleras, lagos, desiertos, silencios minerales, todo fuera de la medida humana. El lago de Bariloche tiene capacidad para abastecer de agua durante una década a toda Europa. Las ballenas francas de la península de Valdés son de tamaño medio, no obstante los testículos del macho pesan una tonelada, el corazón es como un coche, por la aorta se podría nadar a braza sin tocar las paredes, las crías nacen ya con dos mil kilos a cuestas y las madres, que se aparean con tres amantes distintos, liberan de cien a cuatrocientos litros de leche diarios sobre la superficie del agua cuando la cría les golpea de costado las glándulas mamarias. Pese a ese desmedido volumen, entre la madre y la cría se producen escenas amorosas de una ternura inefable. El glaciar Perito Moreno, con un frente de cinco kilómetros de ancho y sesenta metros de altura, avanza continuamente por el Canal de los Témpanos al pie de los Andes. Más allá del rito turístico de tomarse un whisky con este hielo milenario, al escalar su oleaje petrificado se descubren en su interior unas simas acuáticas de un azul tan puro como uno imaginaba de niño que serían las alas de los arcángeles. Pero en este viaje desde la desolada pingüinera de Tierra del Fuego hasta las cataratas de Iguazú, ya en el límite de la selva de Brasil, hubo dos momentos en que el espíritu redujo el gran espectáculo cosmológico de la naturaleza a un sentimiento zen. Amanecía sobre un lago, con las cimas nevadas de los Andes al fondo, cuando en el silencio metafísico de un bosque se oyó a un pájaro carpintero de cresta roja picotear el tronco de un cedro y de pronto su sonido, toc, toc, toc, concentró todo el universo. Después, ante las cataratas de Iguazú una madre estaba ayudando a hacer pis a su hijo. Con la diminuta cascada que producía aquel niño la mujer parecía desafiar con orgullo la inmensa fuerza del agua.

Mucho tiempo después, en cualquier tertulia, siempre había una pregunta obligada. ¿Qué hacías la tarde del 23-F cuando el golpe de Estado de Tejero? Yo venía de Villarreal, un pueblo del Mediterráneo donde acababa de enterrar a un amigo que había muerto por fumar demasiado. En el cementerio, el conductor del coche fúnebre me hizo saber que en el Congreso de los Diputados se había producido una refriega con unos guardias civiles. No estaba claro. Otros decían que había sido un golpe de mano de la ETA. Decidí volver a Madrid sin saber que el gobierno de la nación permanecía secuestrado en el Congreso por el teniente coronel Tejero, y al llegar a Valencia me encontré con la ciudad bajo el silencio opaco de un embotellamiento sombrío. Ya eran más de las nueve de la noche, de modo que estaba quebrantando el toque de queda. Si me hubieran disparado, no habría pasado nada. Me hallaba a merced del capricho de cualquier francotirador, como si fuera una perdiz roja.

Nunca me sentí tan desorientado, con las manos en el volante, como en aquel infausto día 23 de febrero de 1981, cuando puse la radio del flamante Volvo recién estrenado para oír el chismorreo de alguna tertulia y me encontré con que en su lugar sonaba una marcha militar. Encima se trataba de un toque de diana. ¿Cómo es posible que toquen diana, cara a la noche —pensé—, si en el cuartel se utiliza para despertar a la tropa? Sin saber bien lo que había sucedido en Madrid, cambié de emisora y en ese momento la voz enfática de un locutor estaba leyendo el bando de Milans del Bosch, capitán general de la Tercera Región Militar, en el que se disponía, entre otras cosas, lo siguiente:

Artículo 5: Quedan prohibidas todas las actividades públicas y privadas de todos los partidos políticos, prohibiéndose igualmente las reuniones superiores a cuatro personas, así como la utilización por los mismos de cualquier medio de comunicación social.

Artículo 6: Se establece el toque de queda desde las 21.00 a las 7.00 horas, pudiendo circular únicamente dos personas como máximo durante el citado plazo de tiempo por la vía pública y pernoctando todos los grupos familiares en sus respectivos domicilios.

Artículo 7: Solo podrán circular los vehículos y transportes públicos, así como los particulares que debidamente se señalen diariamente.

Al volante del Volvo color antracita que había estrenado en ese viaje, me adentré en el laberinto de calles desiertas. Tenía que atravesar la ciudad para buscar una salida y, de pronto, me sorprendió un estruendo que parecía salir del fondo de la tierra. En una bocacalle de la Gran Vía tuve que detenerme porque en ese momento pasaban varios carros de combate. En la radio del Volvo sonaba la marcha militar *Los voluntarios* y, pese al pánico que me envolvía, recordé que aquella música era la que cerraba, cuando era niño, el final de la película *Sin novedad en el Alcázar*, con todos los espectadores saludando brazo en alto la imagen del caudillo que llenaba la pantalla. Ahora, dentro del coche, parecía que el tiempo se hubiera fundido. ¿Era otra guerra o era la misma guerra que mi familia me contaba junto a la chimenea durante mi infancia?

Ignoraba que el golpe de Estado del teniente coronel Tejero en Madrid estaba en vías de fracasar, pero en Valencia había triunfado y yo me consideraba una hormiga perpleja, en medio del silencio de la ciudad partida por la oruga de los tanques. Ahora, cuando pasaba ante mis ojos con la cola hirsuta como un alacrán de hierro, veía lo que era un tanque de verdad.

Cualquiera puede contar su vida a través de los coches que ha tenido y de los lugares adonde le han llevado. Aquel Volvo estaría para siempre unido a la memoria de un golpe de Estado que pudo torcer en negro el destino de mi existencia. Pese a todo, ese coche me acompañó durante los años dorados en los que el país cambió de pelaje. La década de los ochenta fue nuestro Mayo francés, pero, en lugar de constituir una llamarada que se quemó a sí misma en una semana, se extendió durante varios años en los que España fue dejando atrás la caspa ibérica y se convirtió en una sociedad moderna.

En ese coche crucé toda Francia, desde la puerta de La Californie, en la Costa Azul, donde había vivido Picasso, hasta Aix-en-Provence, y allí atravesé el monte Santa Victoria como si hubiera entrado en un cuadro de Cézanne; llegué hasta los territorios de

Gustave Flaubert en Ruan, y en sus calles, en torno a la catedral que pintó Monet, todas las señoras con el bolso de la compra en la mano me parecían Madame Bovary; seguí el viaje hasta Cabourg, me hospedé en el Grand Hotel en busca de la desaparecida Albertine de Marcel Proust; luego llegué con Erik Satie a Deauville y Honfleur y, finalmente, con este bagaje a cuestas como único armamento, realicé a bordo del Volvo mi propio desembarco en la playa de Omaha, en Normandía, y para celebrar mi triunfo sobre la vieja caspa me tomé un calvados fabricado con manzanas benedictinas.

El día en que cumplí cuarenta y cinco años los almendros estaban en flor y el teniente coronel Antonio Tejero acababa de perpetrar un frustrado golpe de Estado. Estos dos sucesos fueron un parteaguas en mi vida. Nada sería igual en adelante. La lluvia caería ya para siempre de este lado del tejado. Durante el gobierno de Adolfo Suárez hubo un periodo de acracia en este país en el que nadie se atrevía a prohibir nada por miedo a que lo llamaran fascista. Prohibido prohibir era la consigna que venía del Mayo francés. Como los compañeros de mi generación, también yo me había inventado una libertad a mi medida, a caballo de una yegua que iba desbocada hacia ninguna parte. Pero aquel día me escruté el rostro en el espejo mientras me afeitaba, y aunque nada parecía haber cambiado por fuera, acepté con resignación que había dejado de ser joven solo por el hecho de tener una edad que marca una divisoria maldita en tu vida, en la que se descubren las primeras canas y un extraño velo en la mirada. A partir de ese momento sería como uno de tantos que a esa misma edad, desde el cuarto de baño, oye a su mujer regañando a su hijo en la cocina para después gritarle a él que se apure porque tiene que llevarlo al colegio.

Los reaccionarios lo habían intentado todo para derribar la naciente democracia, hasta llegar a recurrir al Ejército; pero ante el fracaso del 23-F, la extrema derecha decidió entrar en política no con los sables, sino a través de las urnas y las instituciones. Tejero, pistola en mano, había gritado en el Congreso: «¡Quieto todo el mundo!». Los diputados se tiraron al suelo, pero, pasado el peligro, como reacción a esa orden de que no se moviera nadie, en Madrid una pequeña tribu de jóvenes artistas, pintores, dibujantes, escritores, fotógrafos, cineastas, modistos y diseñadores que se habían negado a andar a cuatro patas inauguró una nueva manera de ser y estar en este mundo. Eso fue la Movida, que en el fondo consistía en no estarse quieto.

De pronto, la modernidad irrumpió como un oleaje con toda la furia contra las mohosas escalinatas de la patria. Las noches de Madrid se poblaron de jóvenes tarzanes de lino, de libélulas y de ciervos de catorce puntas, de cisnes y pavos reales que bajaban por el paseo de Recoletos a sentarse en las terrazas para reflejarse en la piel de otro. La cultura se había convertido en un cómic. Una generación de jóvenes estaba haciendo estallar bragas y braguetas en las esquinas iniciáticas, en los descampados de los polígonos de extrarradio, en los túneles, en el suburbano. Algo inaprensible había en el aire que podía hundirte o salvarte.

La fiesta que había sucedido antaño en la Via Veneto de Roma, en el bulevar Saint-Michel de París, en la Washington Square de Nueva York o en el Piccadilly Circus de Londres se había trasladado a Madrid como rebufo del golpe de Estado. Distintas bandadas de aves torcaces volaban por la ciudad a ras de asfalto y ponían de moda transitoriamente una discoteca, una plazoleta, una taberna, un pub, un abrevadero, cualquier lugar donde se posaran. En mi caso, la Movida me pilló con el pie cambiado. Tener más de cuarenta años me obligaba a contemplar ese desfile desde la orilla. De nuevo tenía la sensación de que había nacido demasiado pronto. Había recibido el primer aviso de que estaba fuera de contexto cuando en el concierto de los AC/DC me había visto arrollado por sucesivas oleadas de búfalos del sur, con sus chupas de cuero duro llenas de chinchetas, garfios e imperdibles, que avanzaban hacia el norte del paseo de la Castellana y derribaban las vallas bajo las ráfagas de luz cobalto de los furgones de la policía. En ese tiempo me sentía alimentado todavía por el saxofón de John Coltrane, por la trompeta de Miles Davis; asistía a los conciertos de Serrat, de Raimon, de Miguel Ríos, de Víctor Manuel y de Aute, con los que me sentía solidario. Por otra parte, había empezado a leer *En busca del tiempo perdido*, y me estaba costando desenredar cada hilo interminable de aquel capullo de oro podrido. Comencé a sentir en mis labios el sabor a la magdalena de Proust mojada en la infusión de manzanilla y, por primera vez, me recordé subido en aquel tiovivo de la feria del pueblo y experimenté el suave placer que provoca la memoria fermentada de la niñez. Todos los días, al llevar a mi hijo al colegio, tenía la sensación de que los buenos tiempos ya se habían quedado en el otro lado. Eso pensaba mientras observaba al trasluz la pelusilla que le estaba creciendo al chaval en el bigote.

Con el tiempo, incluso me parecían maravillosas aquellas noches de verano en que la brisa del mar traía de una fiesta lejana los ecos del pasodoble *Que viva España*, que cantaba a coro un grupo de turistas alemanes. España estaba de moda y, unos años después de ser admitida en Europa, los españoles parecían ser más altos, tener el cuello más largo y haber perdido el pelo de las orejas. Pero el gobierno de Felipe González se estaba quedando sin batería y la arrancada de la Transición parecía estar agotada. El desencanto, unido a una cólera difusa, acababa de llegar.

Nada de un pañuelo con cuatro nudos en la cabeza. Ahora tocaba ser ricos y guapos. Parte de los socialistas habían sido bien recibidos en Marbella por las huestes de Gunilla y de Alfonso de Hohenlohe; sabían moverse con soltura entre las mesas de Puente Romano y en los pantalanes de Puerto Banús, saludando a los amigos en las popas de algunos yates. Miguel Boyer fue el primero en capitanear este desembarco, siempre dos pasos por detrás de Isabel Preysler, como suelen caminar, con las manos en los riñones, los consortes reales.

Un Julio Iglesias torrefacto, con el micrófono a un lado de la boca y una mano planchada sobre el hígado, le balaba *Soy un truhan, soy un señor* a un público muy contento de estar en este mundo, ellos con camisas de seda muy apretadas, a punto de disparar una ráfaga de botones, y ellas cargando en las espaldas desnudas un sol marbellí de tercer grado. El espectáculo de Marbella consistía en ver volar en parapente a un cachalote llamado Camilo José Cela, a quien el Premio Nobel le sirvió para enfrentarse a una generación de jóvenes novelistas españoles que en los años ochenta ocupaban con todo derecho las mesas de novedades en las librerías, y que por primera vez eran aceptados por los lectores en castellano. También había triunfado en el extranjero un grupo de pintores, músicos y cineastas. Era el fruto natural de la libertad conquistada en la calle.

En la memoria de aquellos años, guardo la imagen del alcalde Tierno Galván bailando con una mulata espectacular en una verbena de la Paloma, o asomado con una risita de conejo a la pechuga de la actriz Susana Estrada. Tenía aquel profesor unos ademanes conventuales, la chaqueta cruzada, y parecía que se disponía a impartir siempre una bendición después de cualquier discurso político. A su muerte, una carroza tirada por seis caballos con crespones negros atravesó en su entierro el gentío de un millón de madrileños desde el Ayuntamiento hasta el cementerio de la Almudena. Atrás quedaba la imagen de unos travestis que lloraban, sentados en el bordillo de una acera de la calle Alcalá, cuando el cortejo fúnebre ya había pasado.

¿Qué fue de aquellos políticos que durante un tiempo acapararon todos los titulares de los periódicos? ¿Quién se acuerda de ellos? Pasados los años, apenas quedaban algunas siluetas, y uno podía imaginar a Fraga Iribarne como un toro nacional engallado en medio del ruedo ibérico, siempre dispuesto a cornear el burladero, ese mismo toro que luego se vería en las banderas españolas sustituyendo al escudo constitucional. Podía recordar a Carrillo con el pitillo en la boca, mordaz e irónico junto a Pasionaria en las fiestas que el Partido Comunista celebraba el Primero de Mayo en la Casa de Campo, llena de tenderetes en los que crepitaban sardinas, chuletas y chorizos a la brasa. Entre las decenas de miles de personas se veía a viejos braceros del campo, fresadores de la Pegaso llevando de acá para allá tortillas de patata o removiendo una caldera de chocolate, obreros muy curtidos soplando matasuegras, tocados con gorros de romería, con caretas y narizotas. Y al atardecer, cuando el sol se iba por las mansiones de Somosaguas, los discursos de Carrillo con tres ecos de megáfono sonaban con palabras que ya comenzaban a estar gastadas. Pero entrar en la carpa donde se exponía Dolores Ibárruri aún era la mejor distinción que pudiera soñar un comunista.

Y entonces vino la guerra del Golfo y después la derecha sin complejos llegó al son de la canción de la *Macarena*. Las tiendas de lujo tenían tres filas de monovolúmenes aparcados enfrente con un conductor armenio o ucraniano; eran los mismos cochazos que, con solo ponerlos en marcha, llevaban a sus dueños alternativamente a misa y a matar marranos. Comenzaron las banderitas españolas en las pulseras del reloj y en el collar de los perros. Bajo el reinado de Macarena, que debía dar al cuerpo alegría, se impuso llevar el pelo lorailolailo, con caracolillos aceitados en el pescuezo. Yo había llegado a una edad que me obligaba a taparme por primera vez la nariz a la hora de votar.

Un día de septiembre de 1982, cuando la melancolía del final del verano ya se había instalado en la playa vacía, recibí la noticia de que mi padre estaba agonizando. Al llegar a la casa familiar me encontré con los hermanos que habían asistido a la agonía durante toda la noche. Después de los silenciosos abrazos, ellos aprovecharon mi llegada para tomar algo en el bar de la esquina que les permitiera resistir en pie esas horas tan duras y me dejaron a solas en la habitación ante él. Agarrado a los pies de aquella cama antigua, grande, de madera oscura con remaches dorados, vi que se hallaba tapado con una sábana hasta la cadera, con el pecho desnudo y rayado por unas costillas que casi se transparentaban, como un Cristo descendido del madero. Sumido en una respiración fatigosa, todo daba a entender que de un momento a otro, después de latir durante ochenta y cuatro años, el corazón se iba a parar y lo haría ante mi presencia. Mientras mi padre se disponía a entregar el alma, me llegaban recuerdos que venían de muy lejos.

Nada había cambiado en esa habitación en la que yo había nacido, en esa misma cama, unos meses antes de que estallara la guerra civil; allí estaban la imagen de la Virgen del Carmen dentro de una urna de cristal y la cómoda de caoba. De niño me gustaba hurgar en los secretos de esos cajones hasta encontrar la lencería de mi madre, el corpiño rojo, las medias de seda, las prendas íntimas de encaje, el joyero, los frascos de colonia, todo impregnado con un aroma de lavanda; allí estaba el aguamanil del tocador, su espejo ovalado, una pastilla de jabón Heno de Pravia, el perchero del que colgaban el bastón de ébano y el sombrero de paja, el óleo que presidía todavía la cabecera de la cama, un san José sentado que mantiene entre sus faldas al Niño, que parece estar aprendiendo a dar los primeros pasos. Seguramente en esta cama fui engendrado con los gemidos rituales, ignoraba si con amor, con pasión, con desgana o simplemente por azar, una noche de verano, mientras cantaban los grillos y brillaban las luciérnagas. Esta vez los gemidos no eran de placer, si bien el placer y el dolor se expresan con rasgos idénticos en el rostro y también tienen el mismo sonido: la risa y el llanto. A fin de cuentas, la vida y la muerte no tienen más oficio que el de atraerse hasta encontrarse, puesto que no pueden existir una sin la otra. En esta misma cama también había muerto mi madre.

Esa habitación contenía el arcano secreto de toda la familia. Entrar en ella de forma clandestina, como yo hacía de niño, era una aventura de explorador. Ahora mi padre agonizaba allí, ante mis ojos, con la respiración entrecortada semejante a la de un corredor a punto de llegar a la meta. Parecía concentrado en su propia muerte, con los ojos cerrados, llamando con gemidos a Dios, en el que creía hasta lo más profundo de la conciencia. Durante media hora solos, los dos, en la habitación en penumbra, me sorprendió comprobar que el viejo resquemor que me había infundido se había convertido en una compasión insondable. No podía culparle de nada, ni siquiera de su autoritarismo, ni de su incapacidad para manifestarme un sentimiento de ternura cuando yo era niño. Pese a que no podía olvidar aquel dedo que me mandaba callar o me indicaba el camino obligado contra todos los placeres de la libertad o la mirada severa con la que me juzgaba, ante su figura agonizante sentí una extraña piedad que me impulsaba a quererle.

Y en ese momento, su pecho se contrajo y creí ver que de su boca se liberaba un hálito blanco que tal vez era el alma que se le escapaba. Mi padre había muerto y yo era el único testigo. Con la muerte del padre, yo, que siempre fui tomado como el hijo pródigo, sentí que en mi nuca se desataba el nudo de la culpa. Por primera vez me sentí libre. Había muerto el juez.

Sucedió al final de un verano, cuando pasaban en bandadas las aves hacia el sur y en el pueblo se celebraban las fiestas de la Virgen de septiembre. Después del entierro, cuando acababa de descubrir el amor filial, ya liberado de la culpa, volví al mar para navegar hasta que llegaron los primeros aguaceros que daban entrada al otoño. Era el tiempo en que bajaban los atunes desde el golfo de León, y las tardes tomaban un olor a uva madura y las moscas se volvían muy pegajosas. Las terrazas de los bares tenían las sillas, las mesas y los toldos recogidos. Llegaba el momento de volver a la ciudad. En aquellos años todavía tenía el aliento necesario para creer que había llegado a este mundo para triunfar.

De pronto, un día inesperado, cayó el muro de Berlín sin que ningún analista político lo hubiera previsto siquiera con un par de días de antelación. Y con ese descalabro, el 9 de noviembre de 1989 terminó el siglo XX. Finalmente, el capitalismo había vencido y las tropas del Pacto de Varsovia se desparramaron por toda Europa en forma de batallones de mendicantes. Como resultado de esta invasión, los obreros de Occidente fueron condenados a explotarse a sí mismos. Más alto, más fuerte, más rápido: esa era la triple divisa del atletismo en los primitivos juegos olímpicos de Grecia. Ahora, frente al patrón, cada trabajador tenía una fila de obreros y empleados a la espalda dispuestos a realizar el mismo trabajo cada vez más rápido, más sumiso y más barato. Fukuyama dijo que con esto se había acabado la historia. Era el autor al que leían todos los intelectuales, quienes, por otra parte, solían citar a Karl Popper al menos una vez a la semana.

Ante el efecto del cambio de dígito del año 2000, los agoreros pronosticaban que el sistema informático entraría en el caos total y esa sería la forma que adoptaría el terror del nuevo milenarismo. Pero lejos de realizar procesiones con flagelantes, como en la Edad Media, los nuevos profetas del Séptimo Día eran los interioristas, los escaparatistas, los diseñadores, los fotógrafos, los modistos, y bajo su dictadura la esencia de la cultura consistía en ver y ser visto puesto que todo, incluso el terror, se había convertido en espectáculo. Esto era el posmodernismo: estar en el rollo, no perderse una fiesta, situarse en el sitio adecuado o en dos sitios a la vez para salir en la foto. Unos artistas sabían hacerlo y otros no, pero una vez proyectada tu imagen en el espejo del otro, uno era famoso solo porque era famoso.

Y el 11 de septiembre de 2001 comenzó el siglo XXI. Los terroristas que abatieron las Torres Gemelas sabían que lo esencial del golpe era que abriera en directo a la vez todos los telediarios del planeta. El atentado se produjo a las nueve de la mañana en Nueva York, a las tres de la tarde en Europa y a las nueve de la noche en China. Era terrorismo en vivo y en directo, que se presentaba en sociedad, de forma cinematográfica, hasta el punto de que el espectáculo humilló a Hollywood, ya que en alguna película se había rodado esta escena apocalíptica, como un alarde de efectos especiales, sobre una maqueta de cartón piedra. Pero esta vez no se trataba de efectos especiales, sino muy especiales.

Cuando vi en el telediario de las tres de la tarde las Torres Gemelas ardiendo, llevado por la paranoia recordé que un año antes de que sucediera esta hecatombe neoyorquina un vendedor de armas me había asegurado que se estaba preparando la invasión de Irak. Decía saber de buena fuente, por razones de su oficio, que en Kuwait había cientos de millones de yogures, hamburguesas y sándwiches congelados dispuestos para alimentar a un ejército de ciento cincuenta mil soldados norteamericanos durante meses. La intendencia siempre precede al combate. De esta forma entré a formar parte del orden conspiratorio universal y era de los que creían que la guerra ya estaba programada mucho antes de que cayeran las Torres Gemelas. La sensación de que muy lejos hay una mano negra que mece la cuna comenzó a apoderarse del sistema planetario hasta el punto de que la sospecha de que alguien nos está engañando siempre se convirtió en el pilar básico de la sociedad.

Que los tiempos estaban cambiando era más que una sensación, y con más de sesenta años lo estaba experimentando en carne propia. Algunos de mis amigos de izquierdas hablaban como si fueran de derechas, se avergonzaban de su pasado y las palabras *buenista* o *equidistante* se pronunciaban despectivamente, como un insulto. La ideología se había convertido en humo de cañas. Estar a la altura de las circunstancias, ver la vida como es en realidad, era una cota que debían alcanzar los intelectuales. Fue uno de los efectos de la globalización. Yo era un puto equidistante, exactamente como Euclides, un buenista partidario de esa equidistancia que sirve para que los edificios, incluido el de la democracia, no se derrumben.

El terror como espectáculo volvió a repetirse con el atentado de la estación de Atocha, en Madrid. El 11 de marzo de 2004 los cuatro trenes de cercanías cargados con mochilas explosivas habían sustituido a los cuatro aviones del atentado yihadista en Norteamérica. Los poderes ocultos, las manos negras, entraron de nuevo en acción, pero la solución era bien sencilla. Si Aznar hubiera leído cualquier manual de navegación, se habría enterado de que ante una tempestad, toda la tripulación, incluso los marineros más levantiscos, obedecen ciegamente al patrón con un instinto de salvación. Si después del atentado de Atocha hubiera llamado a la oposición, no habría perdido las elecciones. Se asustó. Mintió. Demostró que no sabía pilotar la nave. Y con eso los socialistas volvieron al gobierno y la política española entró en una fase a degüello. Yo ya había comenzado a ver la vida desde la altura de los casi setenta años, una edad en que se empieza a hacer el ridículo si uno se sorprende ante cualquier noticia del telediario.

Cuando llegabas a Nueva York por primera vez, antes que nada, había que llamar a algún amigo español que vivía allí, quien te citaba esa misma tarde, según una costumbre muy arraigada, junto al arco de Washington Square. Un par de años antes lo habías despedido vestido de pana marrón ante unas patatas bravas en cualquier taberna castiza de Madrid y era de los que también tiraban cáscaras de gambas y de mejillones al suelo con toda la naturalidad. Al verlo aparecer ahora con un trote de *footing* por una esquina de la Quinta Avenida, apenas lo reconocías bajo aquella camiseta de Mickey Mouse, las zapatillas de deporte, la sudadera y la gorra blanca de visera. Lo habías dejado marxista-leninista en España y lo reencontrabas macrobiótico en Nueva York. Esa misma noche, con la insistencia de un converso, te arrastraba a un restaurante del SoHo en el que servían una ensalada inmensa con pasas y piñones, y mientras te abrías paso en aquel bosque de espinacas tu amigo te iba contando historias alucinantes que sucedían en las calles de la ciudad.

Hubo un tiempo ya lejano en que el primer viaje a Nueva York imprimía carácter si cumplías ciertos ritos. Era obligado ver el *Guernica* de Picasso en el MoMA, cruzar a pie el puente de Brooklyn, tomarse un martini en el River Café, tratar de descubrir, siempre inútilmente, a Woody Allen tocando el clarinete

159

en el café del hotel Carlyle, comerse medio pollo en el Sylvia's de Harlem después de asistir a los oficios del domingo en cualquier capilla del Séptimo Día para contemplar cómo las devotas afroamericanas entraban en trance mientras oían el sermón del reverendo a ritmo de blues, imaginar que en Tiffany's podías comprar un puñado de diamantes para añadirlos a la avena del desayuno con Audrey Hepburn, y sentarte en la mesa redonda del hotel Algonquin, donde Dorothy Parker hizo famosa su lengua de víbora.

Ese rito lo cumplí a rajatabla cuando llegué por primera vez a Nueva York. Esa ciudad era entonces un estado mental o un género literario en sí misma con la que debía medirse un escritor, puesto que cada cuatro años cambiaba de naturaleza. A finales de los años sesenta del siglo pasado, Nueva York era violenta y sucia, excitante y creativa, hasta el punto de que te llevabas una decepción si en la primera noche no te habían acuchillado en la llamada Cocina del Infierno, entre la calle 42 y la Octava, o si no veías a un profeta demente disparar su rifle a mansalva desde un alero.

Entre todos los viajes que he hecho a Nueva York, recuerdo verme de pie entre la multitud el 10 de junio de 1991 en una esquina de Broadway para presenciar el desfile de la victoria de los norteamericanos en la guerra del Golfo. En realidad, lo que se libró en el Golfo no había sido una guerra sino un gran festival bélico, un enorme concierto musical con todo el arsenal de explosivos, y ese desfile iba a ser la segunda parte de aquella fastuosa representación. Para celebrar la victoria, los maniquíes masculinos y femeninos de los escaparates de las tiendas de lujo de la Quinta Avenida aparecían vestidos de soldados, con guerreras, chalecos antibalas, cascos militares, botas de media caña y metralletas, todos de color arena de desierto, la exquisita tonalidad de los vencedores, que ahora desfilaban por el Cañón de los Héroes, desde Battery Park al City Hall atravesando Broadway por el corazón financiero de Wall Street, con cientos de banderas, armamento y comparsas bajo seis mil kilos de confeti y seis mil toneladas de serpentinas. Nadie hablaba de los muertos. La plebe besaba a los soldados, parecía reventar de placer ante el paso de las armas. Entre todos los aceros mortíferos el más aclamado era el misil Patriot, por su belleza fálica de color naranja, que enhiesto hacia el cielo sobre un camión servido por dos guerreros de imponentes musculaturas despertaba la histeria entre los adolescentes, que se arañaban las mejillas como ante un divo en un concierto de rock.

Años después, el 12 de septiembre de 2002, desanduve ese mismo trayecto en dirección al agujero negro que había dejado el derrumbe de las Torres Gemelas. Caminaba entre oleadas de gente silenciosa y cabizbaja que se dirigía hacia la Zona Cero para rezar por los muertos en el atentado, conmoverse o saciar el morbo, pero hasta el turista más frívolo tenía un aire de peregrino atraído por el vacío. Pensé que el futuro de la historia no se entendería si no se tenían en cuenta estos dos desfiles, uno altivo y triunfal, otro humillado y trágico, cada uno en sentido contrario por el Cañón de los Héroes. Nueva York, con esa tragedia, había perdido la seducción y el estado de gracia. Dejó de ser la de Sinatra. La historia ya no tenía obligación de pasar por esa ciudad, antaño orgullosa e inviolable.

El 17 de mayo de 1992, Juan Pablo II beatificó en la plaza de San Pedro a Josemaría Escrivá de Balaguer, fundador del Opus Dei. Era un domingo de primavera y después de la ceremonia me encontraba sentado en una terraza en el Campo de' Fiori, a la sombra de un toldo que cernía una luz dorada sobre el plato de espaguetis a la carbonara. Enfrente se levantaba la estatua de Giordano Bruno y a un lado de la plaza podía ver la fachada de una de las mansiones que habitaron los Borgia. Pero después de pasear el pensamiento por toda la historia siempre volvía al plato de pasta.

Giordano Bruno había sido condenado a la hoguera por atreverse a decir que la Tierra ya estaba en el cielo, puesto que daba vueltas por el espacio alrededor del Sol. Fue el papa Clemente VIII quien, ante su negativa a retractarse, le impuso la pena de morir en la hoguera con el añadido de que le cosieran la boca con hilo de bramante para que no pudiera blasfemar mientras ardía. Había sucedido allí mismo, a pocos metros de distancia, pese a lo cual me sentaron muy bien los espaguetis. Durante la digestión recordé que del Campo de' Fiori había partido el cortejo de mulas con cargamentos de oro que llevó a Rodrigo de Borja hasta el Vaticano para convertirse en Alejandro VI. Puede que fuera un facineroso, pero a este papa se debe la *Pietà* de Miguel Ángel y que Leonardo da Vinci le diseñara los cañones a su hijo César Borgia. Por su parte, montaba fiestas voluptuosas en las que arrojaba un puñado de avellanas por el suelo de la logia y obligaba a las princesas romanas a recogerlas con la boca a cuatro patas. El fraile Savonarola no cesaba de recriminarlo, hasta que Alejandro VI se lo quitó de encima. Primero lo condenó a la horca por hereje y después mandó que quemaran su cadáver en medio de la Piazza della Signoria de Florencia. Pedí a un camarero un capuchino, y con el sabor de la crema y del café en los labios recordé lo que dijo el valenciano Joan Fuster: «En aquel tiempo todos los príncipes y papas eran unos criminales, pero los nuestros fueron los más profesionales».

El periódico me había enviado a Roma para escribir la crónica de la beatificación del fundador del Opus. Los carabineros habían aconsejado a los romanos que se fueran ese domingo a la playa, puesto que la ciudad había sido cedida a los españoles, que habían llegado a riadas, la mayoría con aspecto de ser de clase media-alta, muy educados y con unas mujeres e hijas muy perfumadas. Todas habían pasado el día anterior por las tiendas de Via Condotti y luego se las veía cantando canciones alegres, de colores se visten los campos en primavera, por la Via del Corso, llevando en la mano bolsas de grandes marcas.

A las diez de la mañana había comenzado la ceremonia y, con los compañeros de la prensa, podía contemplar desde lo alto de la columnata una extensión de cardenales y prelados en rojo y morado, como un estofado de primera calidad, que llenaba la plaza de San Pedro. El sol de Roma extraía una fundición de los pedernales y dentro de ella cualquiera hubiera podido freír un par de huevos sobre las sandalias de mármol de alguno de los gigantes evangelistas que coronaban la crestería. Entonces se abrió la puerta principal de la basílica y se produjo un impacto faraónico. Apareció una comitiva formada por acólitos con la cruz y los candelabros y dos hileras de jerarquías que iban aumentando en esplendor y tamaño para dar paso al faraón. Con el báculo en la mano, acompasadamente, el papa Juan Pablo II entró en escena. No creo que Amenofis, ni Jerjes ni Ciro tuvieran las tablas de este polaco. La ceremonia estaba dedicada al hijo de un vendedor de paños de Barbastro llamado Escrivá, una de cuyas reliquias, en este caso una muela, fue exhibida *urbi et orbi* en una bandeja de plata mientras sonaba un hosanna a cuatro voces de Palestrina.

En realidad, la beatificación de Escrivá de Balaguer era una coartada que me había servido para ir a Roma con otro propósito. Por fin, después de tantos viajes, esta vez pude encontrarme a solas en una pequeña sala de la galería Doria Pamphili ante el retrato de Inocencio X pintado por Velázquez. Todos los críticos de arte aluden a los ojos terribles de este personaje; en cambio, a mí me pareció que era un pirata berberisco aterrorizado ante la mirada devastadora de ese maldito pintor que le estaba sacando el alma. Velázquez sabía que esa boca carnosa del papa se debía a mil asados y mil mujeres que había devorado; su nariz tumefacta era producto de la enorme cantidad de vino que había bebido y su ceño adusto revelaba que ni siquiera creía en Dios. Escribí la crónica de este viaje a Roma bajo un sol de primavera, del que hoy solo recuerdo como lo más consistente y perdurable no la gloria de los pontífices, sino el sabor de aquellos espaguetis a la carbonara.

No soy un héroe, ni siquiera un discípulo lejano de Joseph Conrad, pero he realizado algunos viajes al corazón de las tinieblas y he tomado nota de cómo se vive en el infierno. En enero de 1995 una avioneta me había llevado en compañía de Eli Reed, un inmenso afroamericano, fotógrafo de Magnum, desde Nairobi, sobrevolando el lago Victoria, hasta un punto de la sabana de Tanzania donde nos recogió un jeep de la ONG Médicos Sin Fronteras con otros cooperantes para dejarnos en un poblado de Benako, a cuarenta kilómetros del campamento de refugiados hutus. En aquella casamata donde nos instalaron había médicos y enfermeras, algunos expertos en logística de supervivencia que montaban letrinas o eran conductores de grandes cubas de agua potable. La primera noche bajo el cielo estrellado de África pensé en aquella España de 1995, sacudida por la cultura del pelotazo, con los síntomas iniciales de lo que iba a llamarse el milagro español, con el PSOE que había perdido el estado de gracia y la Movida que había sido sustituida por el desencanto.

Desde Benako, cada mañana íbamos al campamento donde, debido al peligro que suponía la oscuridad, solo se podía estar hasta la caída del sol. A lo lejos se divisaba una nube amarilla de la que se desprendía un hedor peculiar, nunca antes percibido, dulzón y podrido a la vez. De pronto aparecía un valle y varias colinas que se perdían de vista cubiertas de plásticos azules bajo los cuales, como una inmensa gusanera, fermentaban miles y miles de seres humanos. Al traspasar las alambradas me dirigí con Eli Reed hacia el campo del cólera, compuesto de varios pabellones de madera donde agonizaban y al mismo tiempo parían decenas de mujeres. A veces el feto muerto caía entre las heces dentro de un cubo abierto bajo la camilla. Cerca había un equipo cavando fosas a destajo.

Tardé en acostumbrarme a aquel infierno. Cada noche, durante la cena, los cooperantes alineados en una mesa compartida contaban su propia experiencia del día. Eran historias de terror. En otros viajes por África había conocido a misioneros que se comportaban como héroes, pero pensaba que su sacrificio lo realizaban a cambio de la salvación de su alma y la de los neófitos; en cambio, algunos de estos médicos y enfermeras ni siquiera creían en Dios. Les movía la solidaridad, reparar la miseria humana sin esperar nada.

A medida que pasó el tiempo, me fui haciendo a la normalidad de aquella degradación. Sabía que el río Kagera bajaba cada día con cientos de cadáveres. En el paso de la aduana con Ruanda, el río se estrechaba y allí se producía un tapón de cuerpos acuchillados que al final caían en cascada. Alguien señaló que aquel año de 1995 los cuervos y buitres de Ruanda estaban más gordos de lo normal y parecían felices por la increíble cosecha de carne que la humanidad les había deparado con el genocidio acaecido el año anterior. Una noche se produjo un espectáculo aterrador. Cuando los cooperantes internacionales habían abandonado el campamento, los refugiados hutus encendieron hogueras y comenzaron a entonar una canción guerrera que resonaba por todo el valle. Eran cientos de miles de gargantas pidiendo venganza. Los refugiados parecían dispuestos a saltar el cerco, cruzar la frontera y volver a emprender una nueva masacre. Bajo el resplandor de aquel fuego, pensé que tal vez el corazón de las tinieblas de Conrad solo era literatura.

Después de pasar unos días bajo la niebla apestosa de aquel campamento de refugiados que llenaba los valles hasta borrar el horizonte de las verdes colinas, camino de Kigali nos detuvo un control de la guerrilla tutsi formado por unos mozalbetes turbios de droga, con el dedo nervioso en el gatillo del subfusil. Eli Reed, acostumbrado a la guerra de Vietnam, me advirtió: «No los mires a los ojos, pero no rehúyas su mirada; no sonrías, pero no estés demasiado serio; guarda silencio, pero no eludas ninguna respuesta; que no crean que tienes miedo, pero tampoco demuestres orgullo ni vayas de valiente. Déjate llevar como el agua limpia que discurre entre las piedras». Seguí ese método de supervivencia y vi que funcionaba también en otras aduanas.

Durante la travesía por el territorio de Ruanda, a uno y otro lado del camino, aparecían poblados deshabitados que habían sido incendiados durante la matanza. A veces se veía un perro solitario. En el aeropuerto de Kigali apenas quedaban cuatro bombillas de luz y todas las ventanas tenían los cristales rotos. En medio del vestíbulo había un gorila disecado con más de veinte impactos de bala. Recuerdo que cada día, al llegar al campamento, un niño abandonado me seguía a todas partes. No hablaba, solo me sonreía y en medio de la multitud a veces lo perdía de vista, pero al instante lo veía de nuevo a mi lado. He olvidado su nombre. Ignoro si la historia le habrá deparado la suerte de ser víctima o verdugo, que al parecer es el destino con el que uno viene a este mundo.

Un día, acompañado por un joven editor, fui a visitar al escritor Bioy Casares en su casa de la Recoleta. Durante la charla sobre cosas aparentemente vanas, que fue muy agradable, apareció en el salón una hermosa perra moviendo el rabo hasta los pies de su dueño; este escogió una de las galletas que acompañaban la infusión en la mesa y se la ofreció en la boca mientras decía: «He llorado por la muerte de todos los perros que han pasado por mi vida, que han sido muchos, pero esta será la perrita que va a llorar por mí». Bioy Casares tenía ya toda su elegancia muy fatigada y murió un par de años después. Al oír la noticia de su muerte, imaginé que aquella perra, sin duda, elevaría largos y lastimeros aullidos al ver que se llevaban el cadáver de su amo, y luego habría permanecido durante mucho tiempo con la tristeza en los ojos.

Recordé las veces que también había llorado por esta causa. Mis últimas lágrimas las produjo la muerte de Perdita, una cocker blanca y negra, que se fue de este mundo tal como era ella, discreta, sin molestar. Hasta el final de su vida, aun con el cuerpo ya maltrecho, cumplió con lo único que le importaba, esperar detrás de la puerta sin moverse durante horas a que las niñas regresaran del colegio. Cuando las presentía por el olfato en la esquina de la colonia movía el rabo y emitía unos tenues gruñidos de alegría. Y para expresar su felicidad, buscaba un juguete y las recibía con él en la boca contoneándose. Era su gracia, de la que parecía estar muy orgullosa. Perdita murió dando a toda la familia una lección de humildad. No exigía nada, un breve gesto y se apartaba, pero seguía con la mirada siempre atenta sin esperar ninguna recompensa. Jugando con ella las niñas se hicieron adolescentes. Perdita pasó a formar parte de mi memoria, que no podría reconstruir sin recordar los perros cuyas pérdidas me habían hecho saltar las lágrimas.

Durante años, el nombre de Perdita fue una de las claves que yo tecleaba para abrir el ordenador, de modo que esa perra tan humilde y discreta se había convertido en la puerta que daba entrada a la lectura de los principales periódicos digitales. ¿Qué pasaba en el mundo mientras ella saludaba a las niñas al despertar con un juguete en la boca cada mañana? Tal vez Barack Obama acababa de introducir el swing en la política norteamericana y Donald Trump era todavía solo un búfalo de oro en ciernes, dispuesto a convertir su país en un campo de Agramante, y aunque nadie lo tomaba en serio, al final el búfalo se había sentado en el Despacho Oval de la Casa Blanca.

¿Qué pasaba en España mientras Perdita esperaba detrás de la puerta durante horas a que regresaran del colegio por la tarde? Tal vez a Zapatero le había reventado la burbuja económica en las manos sin enterarse y Mariano Rajoy seguía haciendo el ganso con Cataluña, y el independentismo había crecido hasta amenazar con poner este país patas arriba por pura galbana. ¿Qué me pasaba mientras Perdita me seguía con la mirada por todas las estancias de la casa?

Sucedía que me había hecho viejo y había empezado a oír dentro del cuerpo el crujido de las articulaciones al levantarme de la cama. Ahora echaba la vista atrás y, con la perra a los pies, recordaba una vez más aquel tiovivo en el que de niño comencé a rodar montado en un caballo de cartón que subía y bajaba, sin imaginar que esa forma de galopar era una imagen de los éxitos y fracasos que me esperaban en la vida. Canciones, libros, perros, automóviles, sueños, viajes y regresos formaban un solo conjunto con los amigos, con las aventuras que han dejado heridas o momentos de belleza, como a todo el mundo.

Al final siempre habrá una perra que llorará por mí —pensaba yo—. Puede que sea esta a la que yo ahora le echo la pelota y ella la recoge y la deja a mis pies, una y otra vez, sin cansarse nunca de cumplir con esta misión. Todos los días, Lía, una perra campera, cruzada de razas cobradoras, me espera con la pelota en la boca al pie de la cama para recordarme que este es un juego ineludible entre los dos. Esconder la pelota, cada vez en un lugar más inverosímil, y contemplar cómo siguiendo los caminos del olfato la perra la descubre es un milagro. ¿Qué otra cosa puede uno esperar de la vida sino que al final una perra te sea fiel, te recoja la pelota, te sonría cuando la acaricias y llore cuando te mueras?

Entraban en la marisquería y desde distintas mesas se saludaban entre ellos con campechanía ruidosa. Era la forma de demostrar que no les cabía más felicidad en el cuerpo ni más trampas que no se pudieran solventar en la notaría. Crujían las patas de los centollos bajo las tenazas mientras hablaban de negocios más o menos redondos. Terminada la comilona, cada uno se iba a su Audi, a su BMW, a su Porsche Cayenne, a su Bentley, a su Lexus, a su Ferrari, a su Jaguar, a su Aston Martin, cochazos de alta gama aparcados con un mecánico dentro que tal vez era búlgaro o armenio o croata. Los viernes por la tarde se los podía ver por las carreteras de Extremadura o de Ciudad Real en dirección a sus cacerías. En cambio, otros cochazos de su misma gama, una vez puestos en marcha, iban ellos solos a misa los sábados.

Llevado por la euforia económica de aquellos felices años 2000, previos al estallido de la burbuja financiera, caí en la tentación de comprarme un BMW color cereza tapizado en cuero negro y equipado con un aparato de alta fidelidad con sonido estereofónico en el que sonaban siempre Bach, Mozart, Beethoven o Schubert. Pese a todo, el coche no tenía la suficiente cilindrada como para que me lo robaran y amaneciera revendido en Rumanía. Había formas muy graciosas de hacerlo. Algunos ladrones simulaban ser aparcacoches; en la puerta de los restaurantes y discotecas de moda iban recibiendo las llaves de la propia mano de su dueño y al salir de la discoteca a las cuatro de la madrugada el automóvil ya había cruzado la frontera.

En ese BMW recorrí todo el mapa de España. Le había mostrado a mi nieto la ruta del románico palentino, el monasterio de Silos, la Vía Sacra gallega, la Alhambra y los pueblos más bonitos de Andalucía, mientras le iba contando las historias de cada lugar. Había seguido las guías gastronómicas de La Rioja, del País Vasco y del Ampurdán. Entre todos los viajes siempre recordaría el de aquel verano en que después de pasar por Portlligat, donde había brotado el surrealismo de Dalí, había llegado a Colliure, luego había visitado las playas de Argelès y finalmente había recalado en Céret. Era un triángulo del Rosellón lleno de energía. En Colliure estaba la tumba de Antonio Machado y allí inició Matisse el fauvismo; a Céret acudía Picasso todos los años, desde 1911, a ver a Manolo Hugué, y a la sombra de los álamos se unían Juan Gris y Georges Braque. Ese lugar de veraneo se consideraba la cuna del cubismo. Y en Argelès estaba el recuerdo de los refugiados de la guerra civil. Creí que viajar solo era un placer si la cultura se le pegaba a la chapa color cereza del BMW.

Un sábado por la tarde usé el coche para ir al Teatro Real, donde representaban la ópera *Norma*. Pasada la medianoche, de regreso a casa después de cenar con unos amigos, había dejado el automóvil bien aparcado en la esquina de mi calle. Al apagar el motor cesó de sonar automáticamente la *Tocata y fuga* de Johann Sebastian Bach. Al día siguiente, domingo, a eso de la una de la tarde, me despertó una llamada de teléfono. Un ciudadano me preguntó si mi nombre y apellidos eran los que constaban en los papeles de la guantera de un BMW color cereza. Todavía somnoliento, contesté afirmativamente. Entonces el ciudadano me dijo que me habían robado el coche y me dio unas señas si quería recuperarlo: estaba en una calle de un polígono del sur de Madrid. Tomé un taxi y al llegar a esa dirección el ciudadano me estaba esperando. Me dijo que había tenido mucha suerte porque los tres ladrones, cuya catadura era infame, lo habían aparcado un momento para tomarse unas cañas en el bar de al lado pensando seguir camino, pero huyeron precipitadamente al ser descubiertos por unos vecinos que se les enfrentaron al ver los cristales rotos. Descubrí un cuadro desolador dentro del coche donde, debido a una conexión de cables arrancados, seguía sonando sin parar la *Tocata y fuga* de Bach. Los asientos estaban sucios de orines. En la huida, los ladrones se habían dejado una bolsa con un garfio atado a una soga, una navaja, un cuchillo, dos jeringuillas, una chupa que olía a tabaco y varias monedas esparcidas por las alfombrillas entre manchas de sangre.

De pronto comprendí que todo lo que ese coche significaba para mí se había venido abajo. En efecto, en 2008 la burbuja financiera había reventado y los cochazos que llevaban a los nuevos ricos por propia voluntad a misa, a la marisquería y a matar marranos se habían esfumado. Mi BMW, siempre impoluto, con aroma de cuero fino y alimentado con música clásica, que me condujo a los pueblos más bellos de España, no había sido robado para llevarlo a Rumanía, pero en su lugar había hecho un viaje a los infiernos.

Como en la primera secuencia de la película *Cinema Paradiso*, de Giuseppe Tornatore, no hace mucho recibí una llamada de un familiar del pueblo para decirme que aquel niño del que iba cogido de la mano en fila de dos cuando pasábamos frente al Cinema Rialto, aquel niño que luego sería panadero, al que ayudaba a amasar pan de madrugada durante las vacaciones, con el que de chavales en su moto íbamos a la playa y a las verbenas de verano por los pueblos, aquel niño que me fue fiel siempre con su amistad incondicional, había muerto. A lo largo de la vida, cuando hace muchos años que uno ha abandonado el pueblo, se producen unas llamadas que te golpean el corazón. Un día te dicen: «¿Te acuerdas de Totó, aquel que llevaba la máquina en la cabina del cine? Ha muerto». O tal vez el que ha muerto es el maestro de escuela que te enseñó la ortografía o aquel entrañable tonto del pueblo que tanto te quería y te saludaba con aspavientos al cruzarse contigo en la calle. Tenía nueve años cuando mi padre, después de rezar el rosario, permitió que fuera por primera vez al cine en compañía de aquel niño. Ponían la película *El gorila*, con Béla Lugosi. El espanto que me produjo aquel monstruo en la pantalla se ha diluido en la memoria; en cambio, me perdura con toda intensidad el pánico al salir del cine a medianoche, cuando mi amigo comenzó a correr, gritando que el gorila nos perseguía. Al perderlo de vista me quedé solo en un oscuro callejón, paralizado bajo la luna llena que creaba la sombra siniestra de un gorila a mi espalda. El terror de aquella noche de invierno aún lo conservo muy vivo.

A partir de entonces, a lo largo de la vida, he deconstruido ese terror con la experiencia frente a tres gorilas de carne y hueso. En 1964, en el zoo de San Diego de California, a la hora de cerrar el parque, cuando todos los visitantes ya lo habían abandonado, me vi solo sin ningún guardián alrededor junto a la jaula de un gorila agarrado a los barrotes. Me quedé unos minutos ante ese animal cuya mirada me sobrecogió, porque transportaba un pensamiento que creí entender. Ambos nos miramos hasta el fondo de los ojos y el gorila parece que quería decirme: «Te conozco desde aquella noche de invierno y sé lo que te pasa». Ningún psicólogo argentino me había hablado así.

El segundo es el gorila disecado del aeropuerto de Kigali que se mantuvo en pie tras el tiroteo, en 1994, como símbolo de la crueldad de los humanos. Por último, hace ya unos años, durante un viaje a la selva de los Virunga, en Ruanda, nuestro guía nos llevó después de una hora de camino a ver una familia de gorilas. Eran diecisiete ejemplares bajo la autoridad de un macho alfa que, al ver nuestra pequeña expedición, se golpeó el pecho en un alarde de dominio. Después sucedió un hecho insólito, según el guía. Una gorila se desprendió del grupo y al pasar por mi lado me dio con el dorso de la mano un toque en la entrepierna. Consulté este hecho con un psicólogo argentino, quien me dijo: «Tal vez deberías escribirle una carta de amor. En algún lugar del subconsciente encontrarás la respuesta».

Un día de enero de 2010, muy temprano por la mañana, tomamos desde Bogotá el avión para Tumaco, en el departamento de Nariño, al sur de Colombia, en la frontera con Ecuador y el Pacífico. Al llegar caía una llovizna empapada de calor sobre las chabolas y calles encharcadas de esta ciudad de ciento setenta mil habitantes —en su mayoría de raza negra— formada por varias islas en la desembocadura del río Mira. Cuando llegamos al hotel La Sultana, antes de abrir la maleta, nos pasaron un comunicado emitido por el grupo paramilitar Águilas Negras que amenazaba de muerte a todas las organizaciones que «bajo el arcaico discurso subversivo de la defensa de los derechos humanos» servían de apoyo a las FARC y al ELN. La organización de Médicos Sin Fronteras en la que yo iba enrolado, como es lógico, se hallaba bajo esa amenaza. De otra parte, también se nos hizo saber que la ciudad estaba llena de milicianos de las FARC, cuya presencia se presentía pero no era visible. La violencia se respiraba como un elemento más del aire entre las descargas de música de vallenato, los gritos de buhoneros y los escapes de motocicletas.

En las afueras de Tumaco, en un territorio pantanoso ganado a los manglares, se levantaba un conglomerado de palafitos que mantenían en pie unos barracones de madera en estado de extrema ruina sobre una cloaca de aguas negras donde malvivían más de quinientos campesinos desplazados por la guerrilla o los paramilitares. Allí Flora Esmila, una mujer de setenta y dos años, me contó cómo habían asesinado a su hija, falsamente acusada de ser confidente de los militares. A su lado, un hombre joven recordó la imagen del río bajando muertos durante varios días.

Al día siguiente, dejando Tumaco atrás, nos embarcamos en una lancha para remontar el río Mira, que baja sus aguas desde el Ecuador en plena selva. Pilotaba la lancha un joven sin palabras, de rostro muy afilado. La selva cada vez más hermética se iba adentrando en un silencio precolombino. En las altas riberas se veían acostados algunos cultivos de coca. Al contrario de lo que sucede en la novela *El corazón de las tinieblas*, de Conrad, donde existe el señor de la soledad que todo lo gobierna, del que todos hablan y a quien nadie ha visto, al llegar a la vereda de Azúcar, después de una hora larga de navegación, pudimos divisar antes de desembarcar a un hombre sentado en una terraza que, sin duda, nos estaba esperando. «Desde que habéis salido del hotel La Sultana hasta aquí unos ojos os han vigilado —nos dijo—. Ahora en plena selva estamos bajo su mirada». Ignoro quién era aquel hombre, que, al parecer, disponía a su antojo de todo en aquel espacio y estaba a bien con las FARC y con los paramilitares.

Al final del viaje, devolví el chaleco de Médicos Sin Fronteras, me quité las botas de agua que habían pisado pantanos malolientes, calles llenas de miseria, chabolas de lata, veredas perdidas en la selva, y solo recordé el heroísmo, el abandono, el dolor, el miedo y la resistencia de unos seres desplazados que sufrían el destierro en su propio país, pero que no habían dejado de luchar hasta la extenuación por la propia dignidad contra un destino aciago.

En la primavera del año 2011 parecía haberse instalado en todo el país un estado de cabreo general. Sobre las espaldas del presidente Rodríguez Zapatero se había desplomado el tinglado financiero de Lehman Brothers en 2008, y sin que él se hubiera enterado se inició una profunda crisis económica. Desde la terraza de un bar de Lavapiés, cada domingo veía pasar una manifestación de jóvenes indignados vomitando con el megáfono consignas, arengas y pareados muy violentos. A mi edad, que empezaba a ser respetable, leía esas pancartas con cierta melancolía al recordar a aquellos estudiantes de la Complutense, entre los que me encontraba, ácratas, trotskistas, maoístas, banderas rojas, comunistas, en el Madrid convulso del final de los años sesenta. Con el tiempo, muchos de aquellos jóvenes rebeldes se habían convertido en caballeros y en señoras muy honorables de derechas y algunos llegaron a subsecretarios.

También ahora se había producido un asalto a la capilla católica de la Complutense durante una misa entre gritos satánicos de reivindicación feminista a cargo de chicas con el torso desnudo. En aquel tiempo había una férrea dictadura y se trataba de socavar sus cimientos, pero ahora había libertad y democracia. No importa. La rebeldía juvenil es un fuego perenne que se alimenta de sus propias llamas. ¿Qué sería de estos jóvenes el día de mañana? ¿También llegarían a subsecretarios y a ministros?

Habían medido sus armas en el «No a la guerra», en el Prestige, contra las vallas acorazadas del G-8, y estaban acostumbrados a compaginar los contenedores ardiendo y la luz cobalto de los furgones de policía con los textos de políticas de la facultad. Yo los veía bebiendo cerveza a morro en el bar La Fundamental, en el Achuri, en Maldito Querer, en el Barbieri, en el Teatro del Barrio. Parecía que por Lavapiés cruzaba un muro invisible imposible de saltar que dividía Madrid en dos partes, en dos formas de ser, de estar y de vivir. Al otro lado estaba el sistema. A este, chicas sarracenas con el velo islámico, adolescentes con un piercing en las cejas y en los labios; congoleños o senegaleses que tal vez habían salvado las concertinas de la valla de Ceuta y Melilla o habían arribado en una patera y ahora, en ese barrio contracultural, convivían con profesores, poetas, artistas, con jóvenes ya maduros sin horizonte que compartían proyectos, desengaños, sueños imposibles y sobrevivían a salto de mata.

Pero un día, el 15 de mayo de 2011, ese muro que parecía tan difícil de saltar se derrumbó, y esos jóvenes airados se fueron a ocupar la Puerta del Sol, y allí montaron una acampada que duró varios meses, hasta el punto de que la plaza se convirtió en un campamento de apaches cuya semilla comenzó a ramificarse en otras ciudades de España. Yo me daba a veces una vuelta por allí y oía a los líderes de este movimiento asambleario que peroraban en medio de un círculo creciente de seguidores sentados en el asfalto. Se debatía sobre una disyuntiva maquiavélica: si no te

188

aman, al menos procura que te teman. Unos eran partidarios de dar miedo a los poderosos; otros optaban por dar amor y seducir al pueblo y ensanchar las bases de la protesta social. Asaltar los cielos o hacer política, esa era la cuestión. ¿Qué sería de estos jóvenes cuando esta hoguera de la Puerta del Sol se apagara y los municipales pasaran la manguera y limpiaran la plaza?

Aquel año de 2011 hubo una gran cosecha en los telediarios. En mayo fue cazado Bin Laden por los norteamericanos, en una operación muy cinematográfica seguida en directo desde la Casa Blanca. En otoño saltó la noticia de que ETA había dejado las armas de forma definitiva. Durante una sobremesa con mis amigos, discutíamos acerca del final de ETA. Unos opinaban que la organización criminal había sido derrotada por la policía, otros por la justicia, otros por la propia sociedad, y otros, por las tres a la vez. Yo pensaba que después del atentado de las Torres Gemelas, de la matanza de la estación de Atocha y de las hecatombes que provocaban los yihadistas también pudo suceder que los etarras, que al fin y al cabo eran vascos, se dieran cuenta de que hacían el ridículo con crímenes tan mierdosos, cobardes, obscenos, rudimentarios, que ya no alcanzaban el nivel y carecían de todo interés.

Acababa de cumplir setenta y cinco años, y me preguntaba si resultaba estético estar cabreado. A esa edad es fácil que te tomen por un viejo cascarrabias. Había que cabrearse lo suficiente para que la sangre circulara, pero no más. Ver la vida como espectáculo era una opción. En mi caso había llegado el tiempo de leer a Montaigne.

Conducía mi coche por una carretera de Valencia de doble sentido y simplemente por una vez reprimí el impulso de adelantar al vehículo que me precedía. Pude haberlo hecho con suma facilidad, como tantas veces. Con solo apretar la suela del zapato, el coche habría salido disparado sin ningún peligro. Adelantar, siempre adelantar, era mi objetivo en todos los órdenes de la vida, pero en este viaje había decidido reducir la marcha para contemplar el paisaje. Por supuesto, otros coches que venían detrás me pedían paso, y yo experimentaba un placer hasta entonces desconocido al poner el intermitente hacia la derecha para facilitarles la maniobra de adelantamiento. Algunos camioneros me lo agradecían con el claxon, otros automovilistas me insultaban de viva voz por ir tan despacio, pero yo contemplaba el campo de girasoles, o la colina peinada de verde por el trigo en primavera, o sencillamente me quedaba absorto en mis pensamientos o conducía sin pensar en nada. Fue una sensación agradable, sin importancia, pero decidí aplicarla a la forma de vivir, hasta el punto de que mi vida se dividió en dos, antes y después de aquel viaje.

Esta experiencia me llevó a asumir que no pasaba nada si admitía que había escritores que iban delante, que tenían más éxito, más premios, más talento, más reconocimiento oficial, más medallas, academias y otros honores. Todos los días, al mirarme al espejo para afeitarme, hacía un acto de humildad. Empezaba por reconocer la destrucción de mi rostro. Era un viejo, sin más. Por todas partes la juventud constituía un glorioso paisaje que tenía que atravesar. Durante muchos años lo había hecho con cierto resentimiento, si bien al final acabé aceptándolo como un náufrago que llegaba todos los días a la orilla y se salvaba. Era evidente que mi tiempo había pasado, pero todos estos jóvenes querían llegar a viejos y yo ya había llegado. Aquel deleite que un día sentí en la carretera al no adelantar a los coches de peores marcas que me precedían era el mismo que sentía ahora cuando algún escritor joven me pedía paso y yo ponía el intermitente hacia la derecha e incluso bajaba el cristal de la ventanilla y sacaba la mano para indicarle que tenía la vía expedita. Y por nada del mundo se me hubiera ocurrido entrar en competición.

Esta agradable sensación de quedarse atrás la apliqué a la cultura. Había dejado de leer la última novedad que salía a las librerías. Por nada del mundo volvería a hacer un sacrificio parecido al de leer el *Ulises* de Joyce solo por poder decir que lo había leído. En principio me sentí liberado de tener que estar al corriente de lo que había que saber para opinar en las tertulias. Experimentaba un gusto secreto cuando me preguntaban por la novela de moda y decía que no la había leído o por la última película de éxito y decía que no la había visto. «Me he quedado en el cine negro y en la comedia americana», repetía con sorna. Había vendido y regalado gran parte de mi biblioteca, que ahora se componía tan solo de doscientos volúmenes imprescindibles. En casa ya no entraba un libro más. Había decidido comenzar a releer todo lo que hasta entonces me había gustado. Los *Ensayos* de Montaigne fue el primer volumen que acudió al rescate. Al tomarlo en las manos, sentí que tenía un poso ganado por el tiempo. Volví a *Crimen y castigo*, a *Guerra y paz*, a *Madame Bovary*, a la *Eneida*, a las *Odas* de Horacio, y por ahí todo seguido hacia los libros de aventuras que me recordaban mi adolescencia, los de la colección Austral que me llevaban a la hamaca de los veranos de mi juventud. Saborear un vino viejo me daba el mismo gusto. A veces, al caer de la tarde, leía unos tercetos de la *Divina Comedia* con los labios húmedos de mi licor preferido.

Por otra parte, me sentía un ser analógico. Hacía ya tiempo que me había quedado atrás, a esta orilla del río digital. Me había convertido en un torpe que a cada hora reclamaba la ayuda de mi hija o de mis nietas para que me sacaran del atolladero en que me había metido con el ordenador al darle con el dedo a la tecla equivocada. Pero sabía que en esta parte del río había muchas cosas que aprender todavía de los perros, de los pájaros, de los insectos y de las nefastas pasiones de los humanos. Sentía una armonía interior al quedarme atrás, donde estaban las cuatro estaciones del año con sus flores y sus frutos.

Cuando la ansiedad me hacía sentir un fracasado o un escritor que no había llegado a la meta, para consolarme siempre recordaba lo que había dicho Borges: «Todos caminamos hacia el anonimato, solo que los mediocres llegan un poco antes». En este estadio de mi vida cultivaba la amistad de unos seres que se tomaban la vejez con ironía, y los acompañaba en la conquista de pequeños placeres a los que tenían derecho. Nada de nostalgia, solo un poco de melancolía, como las gotas de angostura que impulsan hacia la perfección los martinis secos.

En las noches de verano, desde la cama, con las ventanas abiertas, oía a lo lejos el silbido desgarrado del tren que atravesaba la oscuridad. Nunca me preguntaba adónde iban aquellos trenes nocturnos que oía pasar, pero sabía que un día a la semana dejaban en la estación un gran paquete con los tebeos que después yo leía con avidez. Teníamos un huerto que lindaba con la vía del tren. Recuerdo la primera vez que vi los raíles brillando al sol y que al final se perdían en una curva entre los árboles. Imaginaba que más allá de esa curva existía una ciudad maravillosa en la que vivían Roberto Alcázar y Pedrín, el Guerrero del Antifaz, el Capitán Trueno, el Jabato, el Hombre Enmascarado, y soñaba con viajar un día hasta allí para saber si esos héroes que leía en los tebeos eran de verdad. En medio del silencio de la naturaleza, en algún momento comenzaba a temblar la tierra y de pronto, por aquella curva procedente de esa ciudad maravillosa, aparecía un monstruo echando humo. Con un estruendo espantoso pasaba el tren y desde la acequia en la que me bañaba desnudo adivinaba fugazmente, a través de las ventanillas, los rostros de los pasajeros. Algunos iban dormidos, otros miraban absortos el paisaje; eran fantasmas que se dirigían a un destino desconocido. Mi juego preferido consistía en colocar unos clavos sobre los raíles y, cuando ya se alejaba el último vagón, buscaba entre las traviesas aquellos clavos que las ruedas del tren habían aplastado hasta convertirlos en pequeñas espadas. Con ellas me sentía guerrero.

Después de tantos años, cuando viajo hoy en tren, a veces descubro reflejado en la ventanilla el rostro de aquel niño que me acompaña siempre. Pienso que en cualquier viaje existe un andén perdido por donde pasa el convoy, que se dirige a aquella ciudad maravillosa que está más allá de la curva de los sueños.

El tiempo huye y no hay forma de pararlo. Horacio, en su famosa oda XI, propone a su amante Leucónoe, como solución, que no piense en el futuro y que se agarre a los pequeños placeres que la vida le ofrece cada jornada. Esta oda ha sido muy manoseada por todos los vendedores de felicidad al por mayor con sus libros de autoayuda, pero los verdaderos discípulos de Epicuro saben que no todos los días son buenos para agarrarse a ellos como salvavidas, porque hoy el mundo está en poder de criminales e idiotas, hasta el punto de que hay momentos en que Horacio y su novia darían lo que fuera por quedarse en la cama.

Yo no tendría inconveniente en seguir el consejo del poeta latino siempre que ese día al que hay que agarrarse se me permitiera fabricarlo a mi gusto. Debería ser un día de abril, de junio o de septiembre, con sus luces y sus frutos correspondientes. Me tendría que despertar el canto de los mirlos y durante una agradable somnolencia, después de estirarme como lo hace mi perra, mientras sonaban los *Conciertos de Brandemburgo* de Bach, comprobar con grata sorpresa que no me dolía nada del cuerpo ni del alma. Un sol amoroso de veinticinco grados me permitiría pasear junto al mar para sentarme luego a media mañana en una terraza a la sombra de los plátanos ante una cerveza fría y unas aceitunas amargas, y leer el periódico en el que no habría noticias de niños destrozados por las bombas, ni políticos rebuznando. Luego tendría una comida divertida con amigos y, precisamente ese día, al caer la tarde, se produciría esa llamada de teléfono tan deseada. Una voz muy segura me haría saber que el sueño que he acariciado durante tanto tiempo por fin se había cumplido. Nunca sabría quién me había llamado ni de qué sueño se trataba. Y de nuevo en la cama, me gustaría quedar dormido con las gafas caídas en la punta de la nariz y unos poemas de Walt Whitman entre las piernas.

Es un bello oficio dedicarse a contemplar cómo pasa el tiempo, cómo pasa la vida. Tomo café cada mañana en una taza de porcelana inglesa desportillada que tiene el dibujo de una goleta de tres palos con las velas desplegadas. Desde casa veo la bocana del puerto por donde entran y salen los barcos que van a Ibiza. He realizado muchas veces esa travesía pero, con cada sorbo de café, la goleta de la taza me lleva a los azarosos mares de Conrad, a países donde suceden las novelas de Graham Greene, llenas de ventiladores en el techo y de sudor pegajoso en las guayaberas.

La vida es el tiempo que se ha posado sobre todos los objetos que nos rodean y también sobre nuestros sueños. Envejecen los amigos; en cambio, cuanto más pisas la alfombra de yute del comedor, más brilla; la cómoda ha adquirido una nobleza antigua pese a que cada cajón gime al abrirlo; el sillón en el que me siento a escribir tiene un brazo roto, me pregunto si también habrá envejecido lo que escribo.

A unas cosas el tiempo las embellece y a otras las corroe. Sucede lo mismo con las ideas y con las personas. Leo en los periódicos a algunos intelectuales, escritores y políticos a los que admiré tanto un día, pero cuyos ideales hoy el tiempo ha destruido. Ignoro si seré también yo uno de ellos.

En el alféizar de la ventana se ha posado una libélula verde y amarilla. Imagino que esta es la última que queda en el mundo, una de aquellas que se detenían en el aire sobre el agua dormida de las acequias donde nos bañábamos mientras, a la mayor gloria de su creador, cantaban las ranas. La goleta de la taza desportillada me impulsa a navegar contra la adversidad por mares desconocidos sabiendo que no todo está perdido.

Durante miles de millones de años, antes de que hubiera vida en la tierra, también llegaba puntualmente el solsticio de verano y el oleaje rompía en esta playa con un sonido acompasado, solo que esta vez a esa rueda infinita del tiempo se había sumado un acordeón que tocaba un vals en la oscuridad. En la noche de San Juan las llamas iluminaban las siluetas de unos jóvenes tumbados en la arena alrededor de la hoguera y, mientras se asaban las sardinas, ellos hablaban de sus cosas, generalmente anodinas, con risas que no se debían a nada, sino a la dulzura que a veces adopta la naturaleza. Uno recordaba aquellas noches de verano de la niñez cuando había todavía luciérnagas en los setos del jardín y en los charcos croaban las ranas. Otro trataba de elevar su pensamiento hacia las estrellas. Tenía algún conocimiento de astronomía y con el dedo señalaba a los amigos el planeta Júpiter con el collar de satélites, el carro de la Osa Menor con la Polar, el Triángulo de Verano que formaban las estrellas Vega, Deneb y Altair, las constelaciones del Cisne y Casiopea. Alguien le decía que dejara en paz a las estrellas, porque ahora lo más importante era que el espeto de las sardinas estuviera bien asado. En la noche de San Juan había muchas hogueras en aquella playa y los niños las saltaban excitados por el resplandor, gritaban sin saber que sus gritos obedecían a un placer que todavía no reconocían. Había adolescentes que dentro de un mar oscuro se amaban por primera vez y viejos que recordaban los amores perdidos. Tumbados en la arena bajo el cielo estrellado, la noche de San Juan estaba hecha para no pensar en nada, salvo en el sonido del acordeón que te llevaba a un espacio feliz de la memoria. Tal vez la felicidad era esa brisa de sal que llegaba hasta el fondo del alma o el anuncio de que a cada uno le tocaban seis sardinas por barba.

Cada mañana mi madre me lavaba la cara con jabón Heno de Pravia, me peinaba y, mientras me abrochaba con amor todos los botones, me decía: «Hijo, pórtate bien con el maestro». Qué lejos queda aquel niño que iba a la escuela con los lápices de colores sonando en el estuche de la cartera. Primero el *Cara al sol* brazo en alto, luego el dictado, la ortografía y Viriato, el mapa de España y la cantinela de la tabla de multiplicar que salía por los ventanales. Qué lejos quedan aquellos gritos del recreo y las claras acequias donde me bañaba desnudo entre los naranjos y las meriendas de pan con chocolate y los nidos secretos de petirrojos, verderones y jilgueros, y el olor a linotipia que despedían los cromos y el de las hojas de morera de la caja de los gusanos. Qué lejos queda aquel chaval que estrenó los primeros pantalones bombachos. Entre los radios de mi bicicleta petardeaba el as de oros, la mejor carta de la baraja. A esa edad soñaba con islas misteriosas de Julio Verne y de Salgari y con aquella niña pelirroja por la que sentí por primera vez una pulsión extraña que siempre llevo asociada al aroma del espliego de la primera excursión por la montaña. Qué lejos queda el joven orteguiano que creía pertenecer a la minoría selecta y que luego en la universidad luchó contra la dictadura frente a los guardias, no quiso alistarse en el Partido Comunista y tampoco estuvo en la cárcel, pero durante algunos años aún mantuvo la fe en que el mundo podía cambiar a la medida de sus sueños. Hoy es un viejo que no sabría explicar por qué una cólera larvada lo ha convertido en un sujeto lleno de dudas. Solo que en medio de su confusión política e ideológica a veces recuerda a aquel niño que iba a la escuela con la cara bien lavada, tan limpio, tan puro, tan lejano. Y se le saltan las lágrimas.

Este libro se terminó
de imprimir en
Móstoles, Madrid,
en el mes de
abril de 2024